在日外国人 第三版

―法の壁、心の溝

中 宏
Hiroshi Tanaka

岩波新書
1429

まえがき――第三版にあたって

本書の前の版である新版が出版されたのは、一九九五年一月のことであるから、十数年の歳月が流れたことになる(最初の版は、一九九一年五月刊行)。そのあいだに、多くの方から、統計の更新はもちろん、「事件」のその後などを入れて、版を改めるようう(ママ)ながされた。

しかし、「事件」はなかなか区切りがつかない。指紋押捺がようやくなくなったかと思うと、別のかたちで再登場するなど、法令の改変も相ついだ。そして、二〇〇九年七月、外国人登録法の廃止などや、関係法令の大改正がおこなわれ、その最終施行日の二〇一二年七月九日を迎えた。ようやく、私は重い腰を上げて、第三版の作業に着手せざるをえなくなった。

第三版も章立てはそのままとしつつも、Ⅰ章はデータを大幅に更新し、制度が変わったことを書いた。他の章では「事件」などのその後を加筆し、法律のその後も入れた。とりわけ、Ⅶ章は、外国人留学生から外国人学校の問題にシフトする結果となり、「朝鮮学校からブラジル学校まで」を念頭に、高校無償化問題を扱った。また、Ⅷ章では、日系人、そして技能実習生という名の外国人労働者の問題を扱った。なかでも技能実習生の大半を占める中国人の置かれた状況、その〝かけ込み寺〟となっている市民団体の活動の一端を紹介した。

一九六二年、「アジア文化会館」という留学生の世話団体の仕事についたのが、私の出発点である。それが当初どんなことから始まったかは、序章において触れた。いつしか、私は、アジア人留学生は日本に対して、「二つの顔」を示すことに気づくようになった。ひとつは、日本を賞賛する顔であり、もうひとつは、日本をてきびしく批判する顔である。そして、この「批判する顔」は、じつにさまざまなことを私に語りかけた。

あるとき、留学生から唐突に、こんなことをいわれたことがある。

「田中さん、日本人は、外国人を〝害国人〟だと思っているんですか」

そのとき、ほかに何の話をしたかは思いだせない。ただ、それが当時の東京入国管理事務所（東京入管）にいく途中で、あの品川駅のいまはない薄暗い、長い長い地下道をくぐり抜けていくときだったことは、よくおぼえている。

東京入管に、留学生の手続きにいったとき、大学の同窓生の朝鮮人とバッタリ会った。彼に「あれ、君は日本人なのに、どうしてここにきているの」といわれた。私は日本人のあまり知らない、というか知ろうとしない「世界」に足を踏みいれていることを再確認したのである。

この地下道での「ひと言」、そして入管での「再確認」は、いつしか私に「在日外国人」について考えることを止めさせないものとなった。そして、今も、それは私のなかで〝持続〟と

〝波及〟となってつづいている。そのひとつの報告が、本書である。

在日外国人でとくに多いのは、日本がかつて植民地として支配した朝鮮なり台湾、あるいは日本が侵略した中国の出身者である。これらの人びとが戦後そして現在、日本でどう処遇されているのかは、重要な課題である。私は、アジア文化会館の仕事から、しだいにこれらの人びとの問題にかかわるようになった。そこで初めて、問題の全体像がみえてきたのである。

なお、この本では、朝鮮の出身者については、一般的には総称としての在日朝鮮人を使い、統計なり、日韓条約との関係などでは、在日韓国人もしくは在日韓国・朝鮮人とした。

いまや外国人登録者数も二一〇万人と、日本の人口の一・六％を超え、また、その多様化も進んでいる。かつて移民として南米に渡った人びとおよびその子孫が、いまや日系人労働者として多数来日している。なお「九・一一」のときのアメリカの運輸長官は、かつて日系人強制収容を経験したノーマン・ミネタ氏であった。在日朝鮮人の多くが、「日本名」を使っている日本の現実とは、あまりに対照的なことではなかろうか。

日本の外国人にかかわる法令が、この間どのような経緯をたどったかについての、私なりの報告も、本書の主要テーマである。法令は、私たちにとって、やや遠い存在であるかもしれない。しかし、それが、しばしば日本人と外国人とのあいだの〝壁〟となっているのである。一方、そこには彼我《ひが》のあいだの〝心の溝〟が投影していることを忘れてはならない。

二〇一二年末に発足した安倍晋三内閣は、さっそく高校無償化からの朝鮮学校の除外を発表した。年が明けた二月九日(旧正月の休みのころ)、東京・新大久保のコリアンタウンには、コリアン排撃デモが出現した。そして、二月二〇日、朝鮮学校除外の〝断〟が下された。

国籍とは、民族とは、人権とは、という古くて新しい問題を、いっしょに考えていただければ、そして私の現場報告を、読者のみなさんの体験と重ねあわせて、読み進んでいただければ、と思っている。いまや日本は、外国人を排除するのに頭を使うのではなく、外国人と〝ともに生きる〟社会を築くために、智恵を絞り、発想を転換することが求められているのではなかろうか。そのために、本書が前の版同様、何らかのお役に立てばこのうえないことである。

編集部の坂本純子さんの編集者の域をこえたご苦労に、ひとことお礼を申し添えたい。

二〇一三年四月

田中　宏

目　次

序章　アジア人留学生との出会い

「伊藤博文」の千円札

中国からきたインド人青年

一九六〇年、「日米安全保障条約」改定に反対する安保闘争直後の暑い陽ざしのなか、私はひとりのインド人青年と、国会の南通用門に立っていた。北京大学での留学を終えて帰国の途中、日本に立ち寄った青年で、私は大学院の指導教官から日本での案内役をおおせつかったのである。

北京でも安保闘争は有名であり、そのときに亡くなった東京大学の女子学生「樺美智子」という名前を彼が持ち出したので、事件のあった南通用門に案内したのだ。当時は、もちろん日中間に航空路はなく、香港経由でやって来た、〝遠来の客〟であった。

かくして、中国語を話すインド人青年と、ひと夏をすごすことになり、郷里岡山へも案内し、童心にかえって村はずれの溜池で泳いだりもした。インド人を見かけたこともない郷里のこと、村の公民館で彼を囲んでの小さな懇談の機会を持つことになった。その席上のこんなやりとりは、今でも私の脳裏に焼きついている。

村人　日本に来ていちばん驚いたことは?

インド人青年　天皇が健在で、東京のどまん中に、あんな大きな居を構えていることです。

すでに退位しているか、さもなければ、どこか遠い所に隠居していると思っていました。

村人　（声なし）

彼　あの大戦では、おびただしい人びとが犠牲になり、皆さんにも大きな苦難をもたらしたのではないですか。

村人　（声なし）

たしか、こんな問答だったように思う。私は通訳しながら、大きな衝撃を覚えたことはいうまでもない。しかし、むしろ印象に残ったのは、村人からはこれといった反論もなく、議論がほとんどかみ合わなかったことである。北京で学んだ青年だけに、ことのほかきびしい日本観を持つのかなと思いながらも、いつしかこのことは私の記憶からは消えていった。

とはいえ、欧米の言語ではなく、アジアの言語を学んだがゆえに、私は今後何らかのかたちでアジアにかかわっていくであろうことは、感じていたのかもしれないが……。

一九五八年二月、北海道の山中で〝雪男〟が発見されたのも、大学在学中の出来事であった。それは劉連仁《リュウリエンレン》という中国人で、戦争末期に中国から強制的に連行されたひとりであり、過酷な労働に耐えかねて脱走し、戦争の終結も知らずに、山中で生きつづけていたのである。たまたま猟師に発見されて深い雪のなかから救出され、大きな話題を呼んだ。

時あたかも、岸信介内閣のときだった。岸首相は一九四二年一一月に中国人強制連行を閣議決定した東条内閣で、商工大臣をつとめていた。しかし、私には、中国人強制連行という言葉さえ学んだ記憶はなかっただけに、これまた大きな衝撃として記憶に残った。

大学二年からの三年間、私は東京・本郷にある小さな学生寮、新星学寮（故・穂積五一先生主宰）に入っていた。そこには、アジア人留学生（台湾、セイロン＝現スリランカ、韓国）もいっしょに住んでいたが、とりたてて記憶に残る対話があったようには思わない。ごく表面的なつきあいだったのかもしれない。それでも同じ寮の台湾人留学生が、外国人登録証の不携帯で警察にひと晩泊められた事件は、記憶に残っている。

千円札の「伊藤博文」

安保の年の夏休みも終わり、大学院生活に戻ったが、修士課程を終わるところで結局、学窓を離れ、学生寮を母体として生まれていた留学生の世話団体の仕事につくことになった。そして東京・千石にある一一〇名の宿泊施設「アジア文化会館」での毎日は、かつての学生寮とちがって、〝仕事〟ということもあってか、かなり密度の濃い〝出会い〟を生み出すこととなった。それは、学生時代の小さな〝点〟をつなぐ役割を果たしたのかもしれない。

一九六三年一一月に登場した「伊藤博文」の千円札（本章扉に写真、一九八四年に夏目漱石に変わる）は、留学生たちのあいだに、ある〝ざわめき〟を生んでいた。

「田中さん、日本では歴史というものをどう見ているんですか。今度、千円札に登場した伊藤博文は朝鮮民族の怒りをかって、ハルビン駅頭で射殺されたんでしょう。それを、この期に及んでわざわざ持ち出すなんて……」

私はまったく、虚をつかれた。ある韓国特派員が、これとほぼ同じ経験をソウルでしていたことを知ったのは、かなり後になってからだった（柴田俊治『アジア、そこにいる僕ら』朝日新聞社、一九七二年）。その留学生は、さらにつづけてこう語った。

「私たちがもっと無気味に思うことは、そのことを日本人の誰ひとりとして指摘しないことです。日ごろから政府を手きびしく批判する知識人から、投書欄に登場する庶民にいたるまで。日本では、戦前はともかく、戦後はほぼ完全に言論の自由が保障されているというのに……。それに、同じお札を使う在日朝鮮人の気持ちも少しは考えてみたら」と。

のちに知ったのだが、当時明治大学に留学していた中国人留学生は日記に〝その日〟（一九〇九年一〇月二六日）のことを、次のように綴っていた。

「夜、新聞の号外を読む。それには、伊藤博文公爵が今日午前九時、韓国人の安重根《アンジュングン》によって、ハルビンで撃たれ、重傷、まもなく死んだ、とある。この一撃は、侵略者の胆を震えさせ、亡国の民の意気を振い起こすことが出来るのであって、大いに我々の心を痛快がらせた」

そして翌日の朝については、次のように記されている。

「八時、登校。教師が演説して、『伊藤公の死は日本帝国の一大不幸である。しかしながら、諸君は公が死んだからといって、気を落してはいけない。諸君はそれぞれに発憤して、伊藤公のように自から努め、また伊藤公の志をおのれの志とするならば、伊藤公は死んでも、日本の国力の発展は、公の生存した時よりもはるかにまさるであろう』と言った。僕はこれを聞いて、ひどく腹が立った。日本人の侵略主義は、深く人々の心に浸み込んでいることが分かる。〔中略〕伊藤の死は、韓国にとっては気を吐いてよいことで、日本にとっては損失と言えようが、中国にとっては、ホッと一息というところである。それにしても、安重根は永遠に光を放つであろう」(黄尊三『清国人日本留学日記』さねとうけいしゅう他訳、東方書店、一九八六年)。

当時、私とアジア人留学生とのあいだにはほとんど年齢差がなく、彼らとのあいだではアジア太平洋戦争についての〝共時体験〟が成り立っていたはずである。だが、たとえば彼らがいう「三年八カ月」は、ほかでもない東南アジアにおける日本軍政の期間を指していた。私の受けた「八・一五」以降の戦後民主教育は、この日本軍政について何ひとつ語ってくれてはいなかった。

「伊藤博文」についての知識ということなら、彼らより多くを持っているだろう。にもかかわらず、千円札を見ても何も感じない自分と、〝無気味〟に思う彼らとのあいだで、いったい何が違うのだろうか、と痛切に自問せざるをえなくなった。

「伊藤博文」の登場は、単独のものとして彼らに映ったのではなさそうだ。天皇が出席して毎年八月一五日におこなわれる「全国戦没者追悼式」が始まったのも、同じ一九六三年であり、翌年四月には、戦後初の「戦没者叙勲」がスタートした。

一方、戦時中に日本軍がシンガポールでおこなった華僑大虐殺の犠牲者の遺骨収集がなされるなか、対日賠償要求の大集会が開かれたのは、一九六三年八月二五日のことである。私は、その華字紙の特集記事を、後日、あるシンガポール人留学生から手渡され今も手元にある。

そして特攻隊として戦死した童顔の少年の写真に、その母親の談話を配した叙勲記事の切抜きが、私の事務机にそっと置かれたのは、一九六四年の春、初の戦没者叙勲がおこなわれたときのことである。日本の新聞に掲げられた叙勲の名簿を見る留学生たちには、それと母国の犠牲者の名前――そこには自分の肉親が含まれていたかもしれない――とが〝二重写し〟になっていたであろうことは想像にかたくない。

シンガポールに、同国の中華総商会によって「日本佔領《せんりょう》時期死難人民紀念碑」（華文。ほかに、英語、マレー語、タミール語の碑名も）がやっと建立されたのは、一九六七年二月のことである。それは別名「血債《けっさい》の塔」とも呼ばれる。

「八・一五」とアジア

ふと振り返ると、私にとっての戦後教育の第一ページは、教科書の〝訂正〟から始まった。すなわち、「墨ぬり少国民」として、「皇紀」の年号が出てくるたびに「二六〇〇年」の引き算をして、「西暦」に直すよう命ぜられたのである。また、文部省編の教科書『あたらしい憲法のはなし』(一九四七年)には、憲法九条の戦争放棄の説明として、戦車や戦闘機を熔鉱炉に入れると、自動車や電車が出てくるさし絵が配されており、胸のすく新鮮さを覚えたことも思い出される。

アメリカ進駐軍の放出物資であるチューイン・ガムを手にしても、感激したものだった。包んでいる銀紙はまぶしいほどに輝き、口にしたときのあのスーとした口触りは、民主主義の心地よさを身体に浸み込ませてくれるようだった。

敵性語として排撃されていた英語が復活し、「カム・カム・エブリボディ……」で始まるNHKラジオの英会話講座が一世を風靡《ふうび》した。また、学校で初めて教えられたローマ字を使って、さっそく自分の名前をノートや教科書に無心に書き込んだ往時もよみがえってくる。

このように、「八・一五」の原体験は、みごとにそれ以前と以後とを截然《せつぜん》とわかち、新鮮でかつ確信に満ちたものとして、私の童心に刻み込まれている。それは、対米関係における強烈な〝逆転〟として印象づけられていた。「真珠湾攻撃――ミッドウェー海戦の敗北――広島・長崎の被爆――玉音放送――アメリカ軍による占領」という史実の整理ともなった。

しかしながら、そこには、何ひとつアジアとの接点は見あたらない。だからこそ、一九六〇年代におけるアジア人留学生との出会いにおいて、私は〝戸惑い〟を感じざるをえなかったのではなかろうか。「真珠湾攻撃」には「マレー半島上陸作戦」が対置されようし、「玉音放送」

は台湾・朝鮮さらには東南アジアにおける「光復（解放）」を意味していたことが、私にもやっと見えてきたのだ。

奨学金を打ち切られたチュア君

ともあれ、こうした衝撃のなかに身を置いていたころ、もうひとつの「事件」に遭遇することとなった。日本政府の国費留学生であるシンガポールからの留学生が、突然奨学金を打ち切られ、さらには勉学先の千葉大学からも「除籍」処分を受けたのである。私自身、面識のある留学生ではなかったが、彼の先輩にあたる留学生がアジア文化会館の在館生であったことから、このことにかかわることになった。

シンガポールはイギリスの自治州であったが、一九六三年九月、マラヤ連邦、イギリス領サバ・サラワクと併合してマレーシア連邦となった。この「連邦」結成には内外で強い反対があり、日本に留学していた青年たちも、マラヤ大使館やイギリス大使館に抗議行動をおこなっていた。

そこで、新しいマレーシア政府は、日本政府（外務省）に対し、当時留学生会の会長であったチュア君（千葉大学留学生部三年生）の本国送還を要請してきたのである。そして、日本政府（文部省。現在の文部科学省）は、いとも簡単にこれに応じて、奨学金の打ち切りを通告した。

いわく、「昭和三九（一九六四）年九月四日付で、あなたの国費留学生の身分を打ち切りましたので通知します。これは貴マレーシア政府の要請にかんがみ、あなたの留学目的が達せられないと認め措置したものです」と。

留学生たちは九月三〇日、文部省の処分を不当として、文部大臣を相手にその処分の取り消しを求める訴訟を東京地方裁判所に提起していた。

私が具体的な相談を受けたのは、その年の一二月末で、千葉大学が彼に除籍を通知した直後だった。留学生たちは、「文部省が国費を打ち切ったからといって、大学自治の原則をもつはずの大学が処分をしたことはまったく理解に苦しむ。学籍がなければビザの延長ができず、送還されれば身の危険が待っている。大学は単なる文部省の下請け機関なのか」というのだった。

千葉大学の「除籍通知書」には、「学則二二条二号の準用により、昭和三九年九月四日付で除籍する」(傍点は田中、以下同様)とあった。その学則には、「疾病その他の事由により、成業の見込みがないと認められる者は、教授会の議を経て学長がこれを除籍する」とある。留学生部の教員を幾人か訪ねたが、教授会で議論された事実は確認できなかった。どうやら、「準用」が妙味を発揮したようだ。

文部省が九月に処分したのに、一二月になって千葉大学が除籍したのは、裁判提起に対する〝報復措置〟であろうとのきびしい見方を、留学生たちはしていた(『朝日ジャーナル』一九六五年三月二一日号)。私も事態の深刻さをいやがうえにも実感し、千葉大学にも幾度となく足を運び、何かにとりつかれたように事件に深入りしていった。

その後、留学生たちの訴えが千葉大学の教員にもしだいに伝わり、翌一九六五年三月三一日、ついに留学生部教授会はチュア君の「再入学」を決定した。しかし、四月一五日に開かれた千葉大学評議会は、この再入学決定に「否」の判断を下した。

千葉大学に泊りこんだ三日間

事件に関心を寄せる日本人学生約一五〇名は、評議会の決定に強い不満を示し、学長との交渉は深夜にまで及んだ。そこには、ひとりのアジア人留学生の身を案ずる日本人学生の素朴な思いが満ち、涙ながらに学長に訴える女子大学生の姿が印象的だった。

学生たちは、「教授会の議を経て」という学則に反する文書の責任を問い、評議会での再審議を要求した。さらに、身に危険が迫るチュア君の身元保証人には学長がみずからなること、などを求めた。

交渉は午前三時にいったん物別れとなった。翌一六日、大学本部前には二〇〇〇人近い学生が集まり、午後四時から再び学長との交渉がつづけられたが、大学側はなんらの変更も示さなかった。学生たちの怒りは頂点に達し、夜に入ってついに評議会の再招集が発表された。

翌一七日午後一時に始まった臨時評議会は一一時間余に及び、会場のまわりではなりゆきを見守る学生数百名がじっと待ちつづけた。私も三日目の夜を千葉大学構内で迎えた。午前一時になって、評議会は前々日の決定を覆し、再入学を承認することを決定した。

この事件にテレビ局が関心をもったのは、一九六五年一月早々で、記録映画作家の土本典昭氏がアジア文化会館に取材に来られた。それは日本テレビの「ノンフィクション劇場」の企画で、事件の概要や留学生たちの声を聞いて、台本もできたが、まもなく局の意向で中止となってしまった。

土本さんは、後にある文章で「TVの企画が没になったからといって、身を引くことは絶対にできなかった。チュア君たちがまた『日本』に裏切られたという失意をもつだろうと思うと」と綴っている。結局、土本さんの友人である工藤充氏、瀬川順一氏らの助力で、自主制作の記録映画『留学生チュア・スイリン』(五〇分)が完成したのは、六五年六月のことである。

土本さんの話では、日本テレビの中止理由は、「外交問題になりかねない。裁判中の事件でもあるし」ということだったらしい。じつは三月中旬、今度はNHKテレビの「現代の映像」でも取材を始めたが、これまた中止となってしまった。私が直面していたものが、予想外に巨大な問題であることを、このことにより、いっそう思い知らされた。

チュア君は再入学とはいえ学籍を回復しえたので、在留期間更新の条件はやっとととのった。しかし、法務省は、更新許可にあたって、期間を「一年」から「半年」に短縮し、さらに「政治活動をしない」旨の誓約を求めたが、彼はそれには応じず、更新許可の証印だけを受けた。彼はふたたび留学生部の学生となり、秋には大阪大学の造船工学科に進学した。本来なら一九六四年秋に進学予定であったが、事件のため、まる一年のムダを余儀なくされたのだ。

四年半の裁判の日々

あとに残ったのは、チュア君の奨学金打ち切りをめぐる裁判である。私は、同じ一九六五年四月から、東京地方裁判所で「原告輔佐人《ほさにん》」に指定され、弁護士とともに法廷に立つことになった。私にとっては初めての経験で、双方の主張をたんねんに読み、留学生の立場をいかに擁護すべきかについて、法律関係書をずいぶん読みあさった。

文部省の主張は、国費外国人留学生制度は、日本と相手国との友好親善を促進することを主たる目的とするものであって、留学生個人に恩恵を与えることを直接の目的とするものではなく、留学生の受ける恩恵はその「反射的利益」にすぎない、とするものだった。

そこには、留学生をひとりの人間と見る視点はまったくみられない。事件の一連の推移、国費打ち切り処分、大学除籍処分、在留期間の短縮処分など、どれひとつをとっても、外国人の地位が日本ではきわめて危ういものであることを予感させるものだった。

裁判所に後日提出された打ち切り処分に関する文部省の「原議書」には、「今後の措置」のひとつとして「千葉大学において同人の退学の措置をとる」と明記されていた。大学の処分について、文部省が事前に判断を下しており、千葉大学はそれに振りまわされたのである。

あとになって、当時の谷川久治千葉大学学長は、「私は留学生部の除籍手続きに多少のミスを認め、熟慮の結果決意するところがあり、文部省は反対であったが、それぞれの機関の決議を経て私費留学生として三年に再入学を許すこととした。この結果に天城〔勲〕調査局長〔文部省〕ははなはだしく不機嫌であった。このことがあるいは後日までわが留学生部が文部省に不評で、たたったかも知れない〔文部省が一九七〇年に千葉大学留学生部の廃止を決めたことか?〕が、私は今でもこの取扱いは間違っていなかったと自負している」と述べている(『千葉大学留学生部一二年の歩み』一九七二年。以下、〔 〕内は田中)。

四年半の審理ののち、東京地裁は一九六九年四月、留学生チュア君全面勝訴の判決を下した。「もし、当該国政府の要請があれば理由のいかんを問わないで、わが国政府が留学生の身分を取消しうべきものとするならば、留学生がそれまでの学習によって得た成果はまったく無駄なものとなり、他面留学生らは自己の意志の及びようもない自国政府の要請を常に念頭において、不安のうちに勉学に従事しなければならなくなるのであって、右のような解釈は、留学生個人の意志と人格を尊重し、個人の同意を前提として留学生として採用するということを基礎として成り立っている国費留学生制度を根底から覆すものとして、とうてい許されないものというべきである」(『判例時報』五五五号、一九六九年)。

明快な判断であり、こだわりつづけてきた私はホッとすることができた。

国費生の身分打ち切り処分がおこなわれたのは一九六四年九月であるが、翌年八月にはチュア君の母国そのものがマレーシア連邦から分離独立して、シンガポール共和国となっていた。したがって、文部省は敗訴にもかかわらず控訴することを断念、判決は確定し、奨学金の未払い分は彼に払い戻された。

チュア君は、その後、大阪大学大学院（修士）を終えて帰国、シンガポールの造船所のエンジニアになった。

医療扶助を受けたため国外退去

しかし、日本における外国人の地位・処遇について、より決定的な体験となったのは、留学生裁判の進行中におきたもうひとつの「事件」である。ある日、東京農工大学の先生が、私のつとめていたアジア文化会館にお見えになり、自分の指導する留学生チェン君が肝臓を患って入院しているが、治療費のことで困っているとの相談を持ちかけられた。一九六六年春のことである。当時は国民健康保険に外国人が加入できない時代だったため、彼は治療費の全額を自己負担するしかなかった。

アジア文化会館にも特別な財源があるわけではなく、応対に出た私は、さりとて捨て置くこともできず、とりあえず福祉関係の門をたたいてみようと思った。新宿福祉事務所（当時）の係官は丁寧に応対してくれ、貿易の仕事が不調で仕送りがままならないことを綴った、シンガポールの親からの手紙を翻訳して提出するなどした結果、何でも「緊急適用」ということで医療扶助が受けられることになった。

私はかけ出しの留学生担当者として、〝オッ〟な解決ができたとほくそえんだ。それまでは、東京農工大学の関係者のカンパで入院費用をまかなわざるをえなかったが、以降は全額国庫負担となり、ほかに「チリ紙代」と称して月額九〇〇〇円の現金が支給された。

しかし、それもつかの間、一転してとんでもない事態に直面することになった。チェン君は入院する少し前に在留期間更新の申請をしていたが、その返信ハガキが「不許可」となってきたのだ。もちろん、本人は入院中であり、私はそのハガキを持って、当時品川にあった法務省の東京入国管理事務所(東京入管、その後大手町に移り、二〇〇三年からまた品川に移る。現在は東京入国管理局)にとんでいった。

「何かの手違いではありませんか」との私の質問に、係官は「この留学生は出入国管理令に定める公共負担者となっているので、在留は認められず、以降は国外退去の手続きがとられます」と、ごく事務的に応対した。私が手続きを進めた医療扶助が原因で、彼は出入国管理令違反に問われ、すでに「不法残留」の身となっていたのである。〝オッ〟な解決どころではなく、とんでもないことを私はしてしまったのだ。

その後は、警官によく似た服装の入国警備官が、入院先の国立東京第一病院(当時)に何度かやってきて、病床の彼に対する「違反調査」が進められた。さりとて、退去強制を執行できる病状ではなかったので、しばらくは入院がつづいたが、九月中旬になって、やっと飛行機に乗れる状態にまで回復した。

いったん「不法残留」になると、「自費出国許可」をもらわないと帰国できない仕組みになっている。私は、病身の彼をともなって東京入管にその手続きに出むいた。私が廊下で小一時間待っていると、彼が取り調べ室から出てきた。

弱々しい声で、「田中さん、いまどういうことがおこなわれたと思いますか……」と彼がきり出した。たずねてみると、十指の指紋をとられ、写真を正面と左右からとられ、さらに、口をあけて歯の特徴を書きとられた、という。私が福祉事務所に行ったことが、結局彼を〝陥れる〟ことになっただけに、私はいたたまれない気持ちでその話を聞いた。

翌日の便での帰国を決めていたが(さもないと出国許可は出ない)、私はとっさに、「一両日、帰国を延ばさないですか。いくら何でもひどいので、何らかの対策を立てたいと思うので」と提案した。しかし、彼は、「田中さんの好意はありがたいが、私は一時間も早く、この国を離れたい。予定通り明日帰国します」と答えた。私は、もはや返す言葉を失った。

チェン君の法務大臣への手紙

翌日は、ドシャ降りの雨だった。羽田空港にはシンガポールの留学生や農工大の関係者が見送りに来ていたが、私はことのほか暗澹《あんたん》たる気持ちでその場に身を置いていた。

別れぎわに、チェン君は、「皆さん、本当にいろいろお世話になりました」と丁寧に頭を下げたあと、私のほうに近づいて、「田中さん、最後のお願いがあります。私の乗った飛行機が離陸するのを見届けたあと、この手紙に法務省の住所を書き込み、封をして投函してください。なかは読んでもらってかまいません」という。

封筒の宛て名は、「日本国法務大臣殿」となっていた。そこには、「私は日本に留学してずいぶん大勢の方々にお世話になりました。とくに病気になってからは、本当にいろいろ助けてもらいました。そして、最後は日本政府からも援助を受けました。しかし、政府から援助を受けたことだけで、罪人扱いされ日本から追放されたことは、生涯忘れることができません。必要な場合は、この事実を公表する権利を留保します」という趣旨のことが書かれていた。私は霞が関の住所を書いて、とりあえず投函した。

この国外追放についてマスコミに連絡したらという話もあったが、当日はあいにく新聞休刊日だったことを覚えている。私には、何とも後味の悪いものが残ったので、法務省と厚生省（現在の厚生労働省）にそれぞれ連絡し、二度とこうしたことがおきないようにと申し入れたが、しょせん〝縦割り行政〟の通弊で、耳を傾けてはくれなかった。

厚生省については、外国人に対する生活保護法の適用に関する通達のなかで、「外国人について保護を開始したときは、入国管理事務所に通報すること」が指示されていることがわかった。チェン君の件は新宿福祉事務所からすばやく東京入管に連絡され、それが「不許可」となってあらわれたのである。留学生担当者にもかかわらず、こうした仕組みをまったく知らずに奔走した私の軽率さを悔いたが、時すでに遅かった。チェン君は、帰国後、家業である貿易の仕事をしているという。

ベトナム反戦と入管法案

先の病気の留学生の国外退去は、「出入国管理令」(以下、入管令)にもとづいて進められた。その入管令を全面改正する法案が登場したのは、一九六九年三月のことである。それは、政治活動の禁止、事実調査権の新設、そして在留特別許可に関する法務大臣への異議申し立てを、本人申請から入管所長の「上申」に改める、などの規制強化を盛り込んでいた。

国会に提案される法案に、私が重大な関心を抱かざるをえなかったことには、それなりのわけがあった。

前に述べたように奨学金の打ち切り処分をおこなった文部省は、翌年の一九六五年四月から、国費外国人留学生が日本の文部省に提出する「誓約書」に、新たに「政治活動禁止条項」を加えていた。すなわち、「いかなる政治活動(政治的団体の結成、政治的目的を持つ会合への参加、政治的な論文・宣言の発表、政治的目的をもつ大衆示威運動を組織し、あるいは参加すること等)も行なわないこと」(引用文中の( )内は原注、以下同様)というものである。

激化するベトナム戦争のさなか、一九六五年二月、アメリカが北ベトナムへの空爆を開始すると、ベトナム人留学生は即座に反応を示し、二月一三日、都心で初の「平和を願う街頭デモ」をおこなった。当時ベトナムは南北に分断されていたが、留学生はすべて南ベトナム出身だった。ベトナム反戦運動はまだ日本では表面化しておらず、あの「ベトナムに平和を！ 市民連合(ベ平連)」(代表、故・小田実氏)が発足したのも、その後の四月のことである。テレビに映し出される爆撃場面をくい入るように見ていた当時の留学生たちの姿は痛々しく、なかには泣きくずれる女子大学生もいた。ベトナム人留学生の胸中いかばかりかと思いながらの日々であった。

一九六六年四月、旅券の延長手続きのためベトナム大使館に出向いたブー君(東京大学経済学部四年、日本の国費生)は、突然その延長拒否を通告され、帰国を命ぜられた。一方、日本の法務省は「旅券失効」を理由に、彼の在留期間の更新を認めず、翌年三月、「退去強制令書」を発したため、大きな社会問題となった。東大生らを中心に「守る会」が結成され、短期間に一〇万を超える署名が集められ、また、大河内一男東京大学総長が田中伊三次法務大臣に面会して善処方を申し入れ、ともかくも強制送還だけは見送られた。

「帰国入隊命令」のでた留学生

一九六九年六月、ベトナム人留学生有志はアメリカ政府と南ベトナム政権をはげしく非難し、東京の南ベトナム大使館に一晩すわり込む行動にでた。この行動は南ベトナム政権の怒りをかい、母国で親が国家警察や教育省に呼び出され、強い警告を受けるとともに、送金禁止処分などを言いわたされた。親からの内密の手紙には、心配はしているけれども、私たちにできないことをやってくれているのだ、というものもあったという。

九月になると、三人の留学生に「帰国入隊命令」が届き、対立は決定的となった。大使館での行動を機に生まれた「ベトナムの平和と統一のためにたたかう在日ベトナム人の会（べ平統）」の代表、先の大使館での行動の責任者、そして在日ベトナム学生協会の会長の三君である。

親元からの送金が断たれた留学生たちのことを知った、東京・板橋に住むある在日朝鮮人は、その住宅の一部を無料で提供すると申し出た。一八歳のとき渡日し、日本で学校を終え、その当時は電気器具商を営んでいた。

その人は、「祖国の分断に苦しむ同じアジア人同士として、統一を願う気持ちはこれらの若者と同じです。私は安易な気持ちでベトナム留学生に部屋を提供したのではありません。いよいよ食べるものに困れば私のところに言ってきなさい」と留学生たちを励ましていた。

入管令改正法案（入管法案）が国会に上程された以降は、こうした状況と重なりあっていた。文部省が国費留学生の誓約書に追加した「政治活動禁止」が、こんどは入管法案によって全外国人におよぼうとしていたともいえる。日本に学ぶ留学生たちも、重大な関心を示すこととなり、一九六九年七月には、「入管法案撤回を求める二五カ国留学生の共同声明」を発表した。おそらく、これだけ多くの留学生が参加して共同声明を出したことはなかろう。

駒沢大学に学ぶアメリカ人反戦留学僧ビクトリア良潤君の在留期間更新拒否事件、アメリカ兵の服装をしてベトナム反戦デモに参加したアメリカ人英語教師マクリーン氏の事件、ベトナム戦線から脱走したアメリカ兵が日本の市民運動の手助けで北欧に送られたのも、このころのことであった。入管法案は、より大きな社会的関心を呼ぶようになっていた。

一九七〇年代の扉が開かれたとき、サイゴン(現在のホーチミン)からの外電は、入隊命令に従わない在日ベトナム人留学生三名および、当時の西ドイツに留学中の三名の計六名に対し、サイゴンの首都特別区兼第三軍区軍事法廷が「禁固六年、公民権・家族権停止二〇年の判決」を下したことを伝えてきた。

そして、七〇年二月下旬、西ドイツからのニュースは、「ベトナム人のパスポートが切れても、ともかく滞在許可は与える。さらに、本人が願い出れば、政治亡命者として認め」、また「ハイデルベルク大学は、すでに在学の者に対して援助することを確約した」ことを報じた。そこからは、日本の政府や大学と比べて、留学生の立場に理解を示し、その人権を擁護する姿勢を、はっきりとうかがうことができた。

日本では、同じ年の三月、本人欠席のままベトナムで判決が出た先の三名を含む一八名のべトナム人留学生が、在留期間の更新申請を東京入管におこなった。そのとき提出した文書には、「私たちは送金禁止処分、および欠席裁判をおこなった政府に対して、旅券の延長申請をすることはできません」とあり、留学生自身の意志により旅券を失効させたという点で、前に述べたチュア君やブー君のケースとは大きく異なったものとなり、法務省の対応が注目された。

当初、入管側は「今後、在留目的である勉学研究に専念し、政治的な活動をおこなわないことを誓約致します」との誓約書へのサインを求めてきた。しかし、最終的には、「今後も（中略）違法な政治活動はおこなわない」と傍点部分を追加した誓約書によって、期間更新が許可となり、南ベトナム政府の旅券を前提としない在留許可が実現したのである。

二つの中国のはざまで

ベトナム人留学生の在留問題がひとまず解決されて間もない七〇年五月、台湾からの女子留学生、劉彩品《リュウツァイピン》さんの在留期間をめぐって、また大きな問題がもち上がった。

劉さんは東京大学で天文学を専攻していた。四月の期間更新の際、従来からの台湾旅券は二年前に失効しているが、そのまま在留期間の更新許可を受けたいと申し出たのである。五月になって許可事務のため東京入管に出向いたところ、旅券を延長しなかった理由がはっきりしない、として許可の証印は受けられなかった。

その後、劉さんは「中国人として、中華民国を拒否し、中華人民共和国を選ぶ」という真の理由を係官に告げた。これで、旅券を申請しなかった理由がはっきりしたので、当初の経緯から見て許可の証印が受けられると予想した。しかし、東京入管は、許可証印は与えず、旅券を申請しない理由を文書にして提出すること、その提出を待って法務本省において最終判断を下す、との通告をおこない、決定はまたしても保留となった。

劉さんは、全文二万五〇〇〇字にもおよぶ「理由書」を草し、その心情を述べたが、法務省はそれでもなかなか判断を出さなかった。東京大学の天文学教室を中心に支援運動が始まり、いくつもの支援グループが誕生し、しだいに大きな問題となった。ベトナム人留学生についで発生したもうひとつの留学生問題として、マスコミにも大きく取り上げられた(『朝日新聞』一九七〇年七月一〇日)。

その後、結局、八月になって法務省の最終案なるものが報道された。その要点は、劉さんが中華民国大使館に〝縁切り状〟を出し、その写しを法務省が確認すれば、これ以上中華民国は旅券を交付しないものと認定して、在留は許可する、というものだった。そして、これにそってことが運ばれなければ、期間更新は近いうちに不許可とする、との意向が伝えられた。

劉さんは、やむなく八月一五日付で「絶縁書」を大使館に送付し、その写しを指示通り法務省に提出した。しかし、法務省は約束に反して、いっこうに許可を出そうとしなかった。

九月になって、法務省は新たにまた次のような文書の提出を条件としてきた。すなわち、

「私は書面（＝大使館宛ての絶縁書）のなかで、日本政府が私の反（中華）民国態度を正式に表明し、絶縁書を送るようにと要求した、との主旨を述べましたが、その後右の事実に反することが判明しましたので、ここに右訂正いたします」というもの。

この文案こそが事実に反するものであり、劉さんが応ずるはずはない。結局のところ、文案が大きく修正され、九月下旬になって、六カ月ぶりにやっと許可となった。なお、劉さんが許可を受けた翌月には、カナダが中国を承認し、その後の「ピンポン外交」を経て、翌七一年七月には、劇的な、アメリカのニクソン大統領の中国訪問の発表、となるのである。

入管法案が照らし出したもの

一九六九年三月に登場した「入管法案」は、ベトナム戦争を背景とした大きな社会変動と重なりあうこととなる。法案は、その後も七一年、七二年、七三年と、計四度にわたって上程されるが、それはここに述べたような具体的な事件の連続によって、いやがうえにも大きな社会的な関心を呼ばざるをえなかった。そして、結局は、成立に至らなかった。

別のいい方をすれば、入管法案は避けがたくベトナム反戦と対峙するかたちをとり、やがてそれは外国人を排除、差別する「入管体制」というとらえ方によって、在日外国人のすべての状況を射程に入れることとなる。

私としても、留学生の世話をする仕事についた当初にぶつかった事例を〝点〟にたとえれば、しだいに〝線〟、さらには〝面〟へと視野をひろげざるをえなくなった。それは、留学生の世話団体という小さな枠の外への踏み出しであり、それまでは無縁だった人びととの出会いを通して、より大きな世界に自分が置かれていることに気づくようになった。「入管体制」を象徴するものとして、しばしば引きあいに出される「外国人は煮て食おうと焼いて食おうと自由」（池上努『法的地位二〇〇の質問』京文社、一九六五年）という元法務省高官の言葉の存在を知ったのも、こうしたなかにおいてであった。

外の世界への〝踏み出し〟にさしたる違和感を覚えなかったのは、当初の個別の事例で感じた衝撃が、事実であることが確認されたからだろう。

I　在日外国人はいま

年に１回刊行される「入管白書」

アジア人留学生との出会いが、私の出発点であったが、しだいに在日朝鮮人の存在に気づかされた。考えてみれば、私が対話していた留学生たちは、いわば〝氷山の一角〟にすぎなかったのである。

外国人登録とは何か

ところで、日本における外国人の全体像は、おおよそどうなっているのか、以下、できるだけ客観的に把握してみたい。

そのためには、やはり統計数字をいくつかの角度から整理することから始めたい。

在日外国人に関する統計は、大別して二種類にわかれる。ひとつは、外国人登録による「現在数」に関するものである。もうひとつは、出入国管理による「出入国数」に関するものである。

日本に在留する外国人は、「外国人登録法」(一九五二年制定)によって外国人登録が義務づけられたが、二〇一二年七月、この法律は廃止され、日本人と同じ住民基本台帳法が適用されることになった。ただし、この本では、まだ廃止後の統計は出ていないため使えないので、旧外国人登録法によるものを使うことにする。

なお外国人登録には、いくつかの例外がある。まず、入国してから九〇日未満の観光客などは、その必要はない。また、大使館、領事館などの外交官およびその随員、そして外国政府または国際機関の公務を帯びて来日する人は、外国人登録が免除されている。

さらに、日米安全保障条約第六条にもとづく「合衆国軍隊の地位に関する協定」（日米地位協定、一九六〇年）第九条によって、在日アメリカ軍の軍人、軍属などは出入国および外国人登録に関する日本国の法令の適用から除外されているため、これも対象外に置かれている。

これら以外のすべての外国人は、たとえ「密入国者」であっても、外国人登録法による登録が義務づけられていた。

国籍と居住地域

次に、この外国人登録による最新統計によって、在日外国人の国籍および日本における居住地域を見てみたい（次ページの表I－1）。外国人登録としては最後の統計となる。

まず、国籍別を見ると、中国（台湾、香港を含む）がもっとも多く、ついで韓国・朝鮮、ブラジル、フィリピンの順になっている。なお、外国人登録の国籍欄には「韓国」と「朝鮮」があるが、統計上は区別せず「韓国・朝鮮」となっている。

日系人の就労自由化により、ブラジルとペルーが増加し、その居住地域は、工業生産県に集中している。

外国人登録者数（2011 年末現在，単位：人）

4 フィリピン	5 ペルー	6 アメリカ	7 ベトナム	8 タイ	その他	構成比
209,376	52,843	49,815	44,690	42,750	248,722	100%
29,878	2,109	17,178	3,728	7,192	72,792	19.5
6,177	1,237	2,575	3,411	1,888	11,476	9.9
26,636	7,582	2,386	4,388	2,123	17,372	9.7
18,253	7,442	4,950	6,074	3,807	27,681	8.0
16,552	4,178	1,808	3,700	2,670	15,503	5.8
16,433	3,258	2,043	1,856	5,467	15,678	5.3
3,477	906	2,265	4,484	699	8,121	4.7
12,517	5,445	855	2,111	1,143	7,234	4.0
1,949	158	1,215	338	488	4,732	2.5
3,707	243	1,167	1,004	426	5,765	2.5
7,944	1,932	668	1,020	4,522	8,214	2.4
65,853	18,353	12,705	12,576	12,325	54,154	25.6
10.0	2.5	2.4	2.2	2.1	12.0	

出典：法務省『在留外国人統計（平成 24 年版）』2012 年より作成．

ブラジルとペルーの場合、一九八九年末はそれぞれ一万四五二八人と四一二一人であったものが、表Ｉ－１では、それぞれ二一万三二人と五万二八四三人となっており、その増加は著しい。

ブラジル、ペルーの大部分は日系人であり、このことについてはⅧ章で述べることにする。

次に、外国人登録数の推移を知るために、**図Ｉ－１**を掲げておく(三二ページ)。

外国人登録数が一〇〇万の大台に達したのは一九九〇年、二〇〇万の大台に達したのは二〇〇五年である。

その数字は着実に増加していたが、二〇〇八年をピークに漸減しているこ

表Ⅰ-1　主要国籍別・主要都道府県別，

国籍(出身地)別 / 都道府県別	合　　計	1 中　国	2 韓国・朝鮮	3 ブラジル
合　　計	2,078,508	674,879	545,401	210,032
1 東　京	405,692	164,424	104,915	3,476
2 大　阪	206,324	52,392	124,167	3,001
3 愛　知	200,696	47,313	38,438	54,458
4 神奈川	166,154	55,362	32,525	10,060
5 埼　玉	119,727	47,816	18,377	9,123
6 千　葉	110,235	43,581	17,630	4,289
7 兵　庫	98,515	25,253	50,438	2,872
8 静　岡	82,184	13,116	6,216	33,547
9 京　都	52,563	12,459	30,815	409
10 福　岡	52,555	21,551	18,390	302
11 茨　城	51,598	14,401	5,470	7,427
その他	532,265	177,211	98,020	81,068
構成比	100%	32.4	26.2	10.1

項目の番号は順位を示す．中国には台湾，香港を含む．

とがわかる。これは、リーマン・ショックの影響である。ブラジルのピークは二〇〇八年で、以降は減少している。また東日本大震災の影響が重なり、漸増していた中国も二〇一一年末の数字は前年より減少している。

従来は、韓国・朝鮮がもっとも多い外国人であったが（図Ⅰ-1、二〇〇〇年では三八・一％）、二〇〇七年の統計から中国（台湾、香港を含む）が首位となり、現在に至っている。

また、韓国・朝鮮は毎年徐々に減少していることもわかる。これには一九八五年に施行された日本の国籍法改正により、父母両系主義が導入されたため、「父又は母が日本国民」の子は、

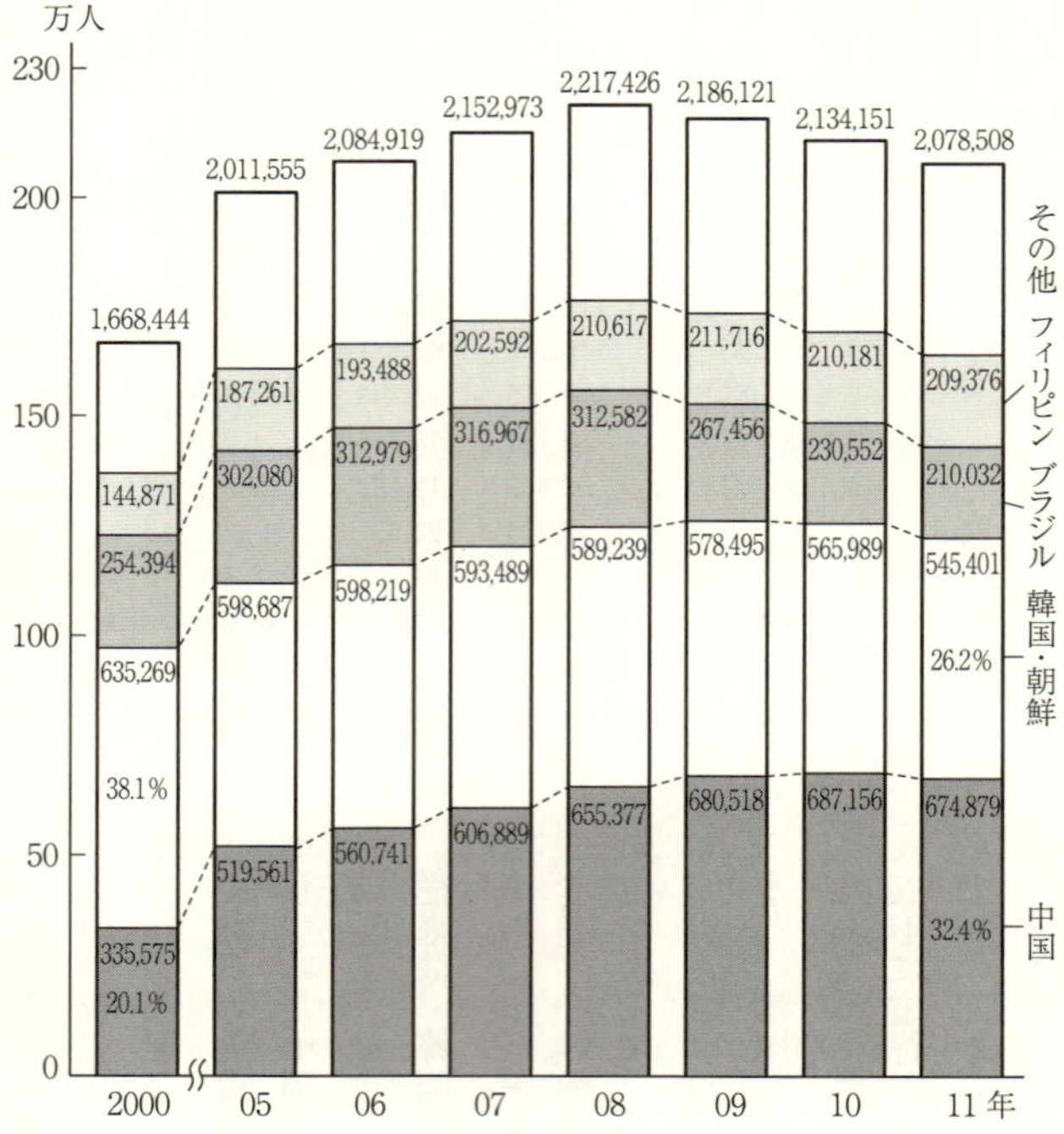

出典：法務省『在留外国人統計』(各年)より作成.

図Ⅰ-1　外国人登録数の推移(各年末現在)

ともに日本国民となることができるようになったことも影響していよう(Ⅵ章参照)。韓国・朝鮮の存在は、かつて日本が朝鮮半島を植民地化したことに起因するが、ブラジルなどの日系人はいうまでもなく、かつて日本が大量に送り出した日本人移民がその背景にある。いずれにも日本の歴史が投影しているのである。

なお外国人を管理する、もう一つの基本法である「出入国管理及び難民認定法」(一九五一年。以下、入管法)が一九八九年に改正された際、日系人(日本人の二世、三世)の日本での就労が自由化され、ブラジル、ペルーが急増することとなった。

韓国・朝鮮の比率が減ってくればくるほど、その分だけ新規に入国した外国人が増加していることがうかがえる。その主流は中国とフィリピンであり、さらにブラジル、ペルーがそれを追うことになる。

先の表Ⅰ－1によって、在日外国人の居住地域の概略も知ることができる。ここには、国籍別にみて、外国人登録者数の合計が四万人以上の八カ国が、また都道府県別にみて同じく五万人以上の一一都府県が掲げられている。

一一都府県のうち六都県では中国が首位を占め、三府県では韓国・朝鮮が首位を占め、二県ではブラジルが首位を占めている。なお、四七都道府県についてみると、中国が首位のもの三五、韓国・朝鮮が首位のもの六、ブラジルが首位のもの五、アメリカが首位のもの一(沖縄)、の分布となっている。

表I－1に登場する愛知県と静岡県ではブラジルが首位を占めるが、前者にはトヨタの、後者にはスズキ、ホンダ、ヤマハの生産拠点がある。日本が誇る自動車産業およびその関連企業が、就労を自由化された日系人を大量に吸収している。なお、表I－1には登場しないが群馬県もブラジルが首位を占め、そこにはスバルの富士重工がある。

かつては、大多数のところで韓国・朝鮮が首位を占めていた（本書の前の版の表I－1では、静岡以外はすべて韓国・朝鮮が首位）が、今では、近畿の京都、大阪、兵庫、奈良、和歌山、そして山口、の六府県に限られている。

また、逆に、大多数のところで今や中国が首位を占めているが、その内訳は後に見るようにさまざまな在留資格のものによって構成されている（最多は「永住」、次が「留学」）。

入管法と「在留資格」

外国人を管理する、もうひとつの基本法は、「入管法」である。

当初、占領下でポツダム政令として「出入国管理令」（一九五一年）が制定され、「日本国との平和条約」（以下、平和条約）の発効時（一九五二年）に法律として存続する手続きがとられた。その後、序章でふれた四度にわたる法改正の試み（いずれも成立せず）をへて、一九八一年の改正によって、題名が現在のものに変更された。

外国人登録法が在日外国人の居住ないし〝静態〟を把握するものとすれば、入管法は外国人の出入国・在留管理などの〝動態〟を把握するものといえよう。

入管法は、一九八九年一二月、法改正がおこなわれ(一九九〇年六月一日施行)、在留資格も二八種に増えた。さらに、二〇〇九年六月に大きな改正がおこなわれたので、その新しい在留資格および在留期間の一覧を、表I-2として次に掲げておく。

なお、ここでは「17 技能実習」としてあるが、正確には、「技能実習一号イ」「技能実習一号ロ」「技能実習二号イ」「技能実習二号ロ」と四種類にわかれている。くわしくはⅧ章において述べることにする。

入管法の重要な仕組みは、すべての外国人をさまざまな「在留資格」に区分けし、それぞれに応じた「在留期間」を付して管理することである(なお、日本人の出国と帰国にも、この法律が適用される)。

その事務をつかさどるのが法務省入国管理(入管)局であり、各地方入管局(八局、七支局のほか六一出張所および三入国管理センター)が具体的に対応する。出入国、在留管理だけでなく、「国外退去強制」(国外追放)にすることも含まれる。

先にみた外国人登録の統計だけでは、どこの国の人が、どれくらいの人数、どこに住んでいるか、しかわからない。しかし、入管法にいう在留資格を利用すると、それぞれがどういう資格で日本に在留しているのかをも知ることができ、より立体的に、現状を把握することができ

表Ⅰ-2　現在の在留資格と在留期間の一覧

1　一定の活動をおこなうための在留資格

1　就労が認められる在留資格

(1)　上陸許可に係る基準省令の適用を受けないもの

在留資格	該当例	在留期間
1 外交	外国政府の大使，公使，総領事，代表団構成員等およびその家族	外交活動の期間
2 公用	外国政府の大使館・領事館の職員，国際機関等から公の用務で派遣される者等およびその家族	5年，3年，1年，3月，30日または15日
3 教授	大学教授等	5年，3年，1年または3月
4 芸術	作曲家，画家，著述家等	〃
5 宗教	外国の宗教団体から派遣される宣教師等	〃
6 報道	外国の報道機関の記者，カメラマン	〃

(2)　上陸許可に係る基準省令の適用を受けるもの

7 投資・経営	外資系企業等の経営者・管理者	5年，3年，1年または3月
8 法律・会計業務	弁護士，公認会計士等	〃
9 医療	医師，歯科医師，看護師	〃
10 研究	政府関係機関や私企業等の研究者	〃
11 教育	中学校・高等学校等の語学教師等	〃
12 技術	機械工学等の技術者	〃
13 人文知識・国際業務	通訳，デザイナー，私企業の語学教師等	〃
14 企業内転勤	外国の事業所からの転勤者	〃
15 興行	俳優，歌手，ダンサー，プロスポーツ選手等	3年，1年，6月，3月または15日
16 技能	外国料理の調理師，スポーツ指導者，航空機の操縦者，貴金属等の加工職人等	5年，3年，1年または3月
17 技能実習	技能実習生	1年，6月または法務大臣が個々に指定する期間(1年を超えない範囲)

2　就労が認められない在留資格

（1）上陸許可に係る基準省令の適用を受けないもの

18 文化活動	日本文化の研究者等	3年,1年,6月または3月
19 短期滞在	観光客，会議参加者等	90日もしくは，30日，15日または15日以内の日を単位とする期間

（2）上陸許可に係る基準省令の適用を受けるもの

20 留　学	大学，短期大学，高等専門学校および高等学校等の学生	5年3月，4年，3年3月，3年，2年3月，2年，1年3月，1年，6月または3月
21 研　修	研修生	1年，6月または3月
22 家族滞在	在留外国人が扶養する配偶者・子	5年，4年3月，4年，3年3月，3年，2年3月，2年，1年3月，1年，6月または3月

3　就労が認められるかどうかは個々の許可内容によるもの

（上陸許可に係る基準省令の適用を受けない）

23 特定活動	高度研究者，外交官等の家事使用人，ワーキング・ホリデー等，経済連携協定に基づく外国人看護師・介護福祉士候補	5年，4年，3年，2年，1年，6月，3月または法務大臣が個々に指定する期間(5年を超えない範囲)

2　活動に制限のない在留資格

在留資格	該　当　例	在留期間
24 永住者	法務大臣から永住の許可を受けた者(入管特例法の「特別永住者」を除く.)	無期限
25 日本人の配偶者等	日本人の配偶者・子・特別養子	5年,3年,1年または6月
26 永住者の配偶者等	永住者・特別永住者の配偶者および我が国で出生し引き続き在留している子	〃
27 定住者	第三国定住難民，日系3世，中国残留邦人等	5年，3年，1年，6月または法務大臣が個々に指定する期間(5年を超えない範囲)
28 特別永住者(無期限)	日本国との平和条約にもとづき日本の国籍を離脱した者およびその子孫	無期限

出典：法務省の冊子『出入国管理2012年』．1〜28は原典にはない．

るようになる。

在留資格別の人数と国名

次に、在留資格によって二つの統計を掲げておく。表I－3は、各在留資格ごとの登録者数と、それが多い国はどこかを二位まで掲げた。一方、表I－4では、登録者数が九〇〇〇人以上の国について、それぞれどの在留資格を持つ者が多いか、を四位まで示した。

表I－3では、在日外国人が細かく二八種類に区分けされているが(各項目の番号は表I－2参照)、いくつかの点について説明を加えておきたい。なお、外国人登録が免除されているため、「外交」と「公用」はここには登場しない。

この表は、大きく三つのグループにわかれている。上段は個々に就労が認められている在留資格、中段は就労が認められない在留資格に属し、下段はその身分による在留(居住)資格で、就労については何ら制限がない、という特徴を持っている。

上段でもっとも多い「技能実習」は、「研修」と違って、名称は「技能実習」でも就労できる点が特徴である(この点についてはⅧ章を参照)。

表I－3の在留資格3～17の合計は、三四万二二六五人となり、そのうち「技能実習」が四一％と高い比率を占めている。「技能実習」以外の各在留資格は専門職であるのに対し、「技能実習」は一般労働者といえる。

表Ⅰ-3　在留資格別の外国人登録者数(2011年末現在，単位：人)

在留資格	登録者数	多い国とその人数(2位まで)
3 教　授	7,859	中国 2,294，アメリカ 981
4 芸　術	461	中国 97，アメリカ 87
5 宗　教	4,106	アメリカ 1,365，韓国・朝鮮 977
6 報　道	227	韓国・朝鮮 51，アメリカ 31
7 投資・経営	11,778	中国 3,974，韓国・朝鮮 2,872
8 法律・会計業務	169	アメリカ 88，中国 6，韓国・朝鮮 6
9 医　療	322	中国 246，ベトナム 25
10 研　究	2,103	中国 790，韓国・朝鮮 232
11 教　育	10,106	アメリカ 5,203，イギリス 1,265
12 技　術	42,634	中国 22,486，韓国・朝鮮 5,828
13 人文知識・国際業務	67,854	中国 34,446，韓国・朝鮮 9,166
14 企業内転勤	14,636	中国 5,518，韓国・朝鮮 1,873
15 興　行	6,265	フィリピン 4,188，中国 389
16 技　能	31,751	中国 17,657，韓国・朝鮮 1,421
17 技能実習	141,994	中国 107,601，ベトナム 13,524
18 文化活動	2,209	中国 749，韓国・朝鮮 295
19 短期滞在	23,978	中国 5,179，フィリピン 4,290
20 留　学	188,605	中国 127,435，韓国・朝鮮 21,678
21 研　修	3,388	中国 1,275，フィリピン 308
22 家族滞在	119,359	中国 61,481，韓国・朝鮮 16,750
23 特定活動	22,751	中国 5,374，韓国・朝鮮 4,444
(うちワーキング・ホリデー)	(6,622)	(韓国・朝鮮 3,754，中国 1,144)
24 永住者	598,440	中国 184,216，ブラジル 119,748
25 日本人の配偶者等	181,617	中国 51,184，フィリピン 38,249
26 永住者の配偶者等	21,647	中国 8,078，フィリピン 3,347
27 定住者	177,983	ブラジル 62,077，フィリピン 39,331
28 特別永住者	389,085	韓国・朝鮮 385,232，中国 2,597
未取得者	3,506	フィリピン 926，中国 654
一時庇護	29	ベトナム 29
その他	3,646	フィリピン 866，韓国・朝鮮 495
合　計	2,078,508	中国 674,879，韓国・朝鮮 545,401

各項目の番号は表Ⅰ-2参照．
出典：法務省『在留外国人統計(平成24年版)』(2012年)より作成．

表Ⅰ-4　主要国籍別の外国人登録者数(2011年末，単位：人)

	登録者数	主な在留資格とその人数(4位まで)
1 中　国	674,879	永住者 184,216，留学 127,435，技能実習2号ロ 60,418，日本人の配偶者等 51,184
2 韓国・朝鮮	545,401	特別永住者 385,232，永住者 60,262，留学 21,678，日本人の配偶者等 18,780
3 ブラジル	210,032	永住者 119,748，定住者 62,077，日本人の配偶者等 23,921，家族滞在 358
4 フィリピン	209,376	永住者 99,604，定住者 39,331，日本人の配偶者等 38,249，短期滞在 4,290
5 ペルー	52,843	永住者 33,307，定住者 13,496，日本人の配偶者等 2,947，永住者の配偶者等 1,313
6 アメリカ	49,815	永住者 13,690，日本人の配偶者等 8,679，人文知識・国際業務 6,091，教育 5,203
7 ベトナム	44,690	永住者 10,361，技能実習 2号ロ 6,553，技能実習 1号ロ 6,125，留学 5,767
8 タ　イ	42,750	永住者 16,055，日本人の配偶者等 8,549，定住者 3,875，留学 3,315
9 インドネシア	24,660	技能実習 2号ロ 4,514，永住者 4,337，技能実習 1号ロ 2,943，留学 2,791
10 インド	21,501	家族滞在 5,352，永住 3,697，技能 3,586，技術 3,175
11 ネパール	20,383	技能 5,704，家族滞在 5,507，留学 3,589，永住 2,057
12 イギリス	15,496	永住 4,349，日本人の配偶者等 2,593，人文知識・国際業務 2,560，教育 1,265
13 カナダ	9,484	永住 2,533，人文知識・国際業務 1,694，日本人の配偶者等 1,671，教育 1,046
14 スリランカ	9,303	家族滞在 1,609．永住 1,545，留学 1,184，人文知識・国際業務 1,027
15 オーストラリア	9,166	永住 1,888，日本人の配偶者等 1,647，人文知識・国際業務 1,494，家族滞在 839
その他	138,729	(全体の 6.7%)
合　計	2,078,508	永住者 598,440，特別永住者 385,232，留学 188,605，日本人の配偶者等 181,617

各項目の番号は順位を示す．
出典：表Ⅰ-3と同じ．

次に多い「人文知識・国際業務」は文科系、「技術」は理科系で、主として大学卒以上の〝外国人社員〟である。日本の大学を卒業した留学生が日本で就職した場合は、ほとんどこのどちらかということになろう。

その次に多い「技能」は、中華料理などのコックがそれに該当し、また、「企業内転勤」と「投資・経営」は、日本における外国企業や海外の日系企業に関連するもので、経済のグローバル化にともない増加傾向にある。

そして、「教育」は、主として中学、高校や外国語学校の語学教師であり、「教授」は大学などの高等教育機関や研究機関に属するものである。

中段の在留資格(18〜23)のうち、もっとも多いのは「留学」で、大学、短大、高校、日本語学校などに学ぶ者である(以前は、日本語学校生などは、別に「就学」とされたが、二〇〇九年の入管法改正により「留学」に一本化)。中国(台湾、香港を含む)が高い比率(六七・五%)を占めており、次の「韓国・朝鮮」が一一・五%を占め、両者の合計で全体の八割近くに達している。

「家族滞在」は、ほかの在留資格で入国・滞在するものの同伴家族で、配偶者およびその未成年の子がこれに該当する。

「短期滞在」は観光客などで、入国九〇日以内は外国人登録の必要がないため、ここでは小さな数字となっている(もちろん、この資格で入国し、未登録のまま就労するケースもある)。なお、外国人登録そのものは、二〇一二年七月に廃止された(Ⅷ章参照)。

「特定活動」は、「法務大臣が個々の外国人について特に指定する活動」とされるが、その内訳は「ワーキング・ホリデー」と「その他」となっている。

ワーキング・ホリデーは、日本政府と相手国政府とのあいだの協議で生まれたもので、両国の青少年が相手国の文化や生活を知る機会を拡大するため、一定期間、観光を主目的として在留し、その間、旅行費用を補うために付随的に働くことができる制度で、すでに一一カ国とのあいだで実施されている。在留数の多い順に見ると、表I-3の二カ国についで、オーストラリア、フランス、イギリス、ドイツ、カナダ、ニュージーランド、デンマーク、アイルランドなどである。「その他」には、外交官や外国企業の役員などの個人的使用人(家事手伝い)などが入る。

なお、「一時庇護」は、日本が一九八一年に難民条約に加入するにあたって、入管法第一八条の二(一時庇護のための上陸許可)によって新設されたもので、いわゆるボート・ピープルなどに与えられる上陸許可である。

下段で目につくのは、初めて登場するブラジルで、「永住者」と「定住者」を合計すると一八万余人となる。入管法改正により、下段にある在留資格を有するものは、非熟練労働をも含めて、就労については何ら制限を受けないもの、とされた。ブラジルの場合、「日本人の配偶者等」または「定住者」(日系二世、三世)のいずれかの在留資格で入国・在留するが、その後「永住」に移行する者が増えている。

表I－3のなかで「永住者」の次に多いのは、「特別永住者」である。この特別永住にいたる経過は、やや複雑であるが、次に簡単にその流れを整理しておきたい。

「特別永住者」の誕生

一九九一年一月、海部俊樹首相が訪韓した際、日韓両国の外相のあいだで、「日韓法的地位協定に基づく協議の結果に関する覚書」(以下、「日韓覚書」)が調印された。そのなかには、入管法についても、いくつかの事項が盛り込まれていた。

一九九一年五月、法務省はこの「日韓覚書」を受けて、新しい法律を制定した。それは正式には、「日本国との平和条約に基づき日本の国籍を離脱した者等の出入国管理に関する特例法」(以下、入管特例法)と題された。

日本政府は従来から、一九五二年四月二八日(占領が解かれた日)、すなわち、平和条約の発効によって、旧植民地出身者およびその子はいっせいに「日本国籍」を失ったとしてきた。前に見たように、それ以前の時点である一九五一年一〇月に「出入国管理令」が制定され、そこにはすでにさまざまな「在留資格」が定められていた。しかし、その時点では「日本国籍」を有するとされた旧植民地出身者には適用されなかった。

平和条約が発効し「外国人」になったからといって、これらの人びとを〝一夜にして〟どれかの在留資格に振り分けることは不可能だった。そこで、日本政府は暫定措置《ざんてい》を盛り込んだ法律を制定し、これらの旧植民地出身者(朝鮮、台湾)について、「別に法律で定めるところによりその者の在留資格及び在留期間が決定されるまでの間、引き続き在留資格を有することなく本邦に在留することができる」としたのである。

この法律は、正式には「ポツダム宣言の受諾に伴い発する命令に関する件に基く外務省関係諸命令の措置に関する法律」(以下、「法一二六」)と題されている。要するに、占領下で制定されたポツダム政令である出入国管理令が、平和条約発効後も法律として存続できるようにするためのものである(さもないと出入国管理令は失効する)。

なお、当時の入国管理庁(一九五〇年一〇月、外務省の外局として出入国管理庁が発足、五一年一一月、同入国管理庁となる)は外務省の外局であったため、「外務省関係諸命令……」と題されたのである。その後、一九五二年八月に法務省入国管理局となったが、その後も長い間、入国管理局長が外務省からの出向人事となっていたのは、その名残りである。

この法律は、あまりに長い題名のため「法一二六」と略称されるようになり、また、暫定措置がとられた人びとの子は「法一二六の子」とされた。

「日本国籍」がなくなる経緯にも、さまざまな疑問が残る。平和条約にもとづくというが、そもそも条約が審議されたサンフランシスコ講和会議には、朝鮮は招請されていないし(すでに南北にそれぞれ政府が生まれていた)、また、そこには植民地を放棄する領土条項はあっても国籍変動に関する規定はなかった。さらに、日本国憲法第一〇条には「日本国民たる要件は、法律でこれを定める」とあるが、国籍の変動を扱った法律も制定されなかった。もうひとつの植民地、台湾についても、中国はいずれも(北京も台北も)、講和会議に招請されなかった。

ともあれ、日本が主権を回復する日に、旧植民地出身者は一方的に「外国人」と宣告され、一般外国人を対象とする出入国管理令および外国人登録法が、全面的に適用されることとなった。わずかに、在留資格と在留期間についてだけ、前に述べた暫定措置がとられたのである。

しかし、当時の外国人登録数は約六〇万人で、その九五%近くがこの「法一二六」該当者であった。例外として暫定措置がとられた人びとのほうが、一般の外国人よりはるかに多いという皮肉な現象が生じたのである。旧植民地出身者を、あたかも一般の外国人であるかのように装うことによって、〝歴史の抹消《まっしょう》〟がはかられたといっても過言ではなかろう。

「法一二六」で予告された「別の法律」はいっこうに制定されず、「法一二六の子」が徐々に増えていった。

一九六五年になって日韓の国交が正常化された。それにともなって在日韓国人について「日

表Ⅰ-5　国籍・出身別，在留資格別，「特別永住」対象外国人数（1989 年末現在，単位：人）

	総　数	韓国・朝鮮	（台湾）	その他
総　　数	608,029	600,795	5,760	1,474
協定永住者	326,318	326,318	-	-
永　住　者	261,074	254,788	4,952	1,334
法　　126	18,408	17,490	789	129
法126の子	2,229	2,199	19	11

出典：法務省『入管特例法案関係資料』（1991 年 3 月）より作成．

韓法的地位協定」が同年に締結され、「法一二六」と「その子」の地位に変更がもたらされた。

この協定によって、「韓国国民」は一九六六年から五年間に限り、日本政府に申請すれば、「協定永住」が許可されることになったのである。また、協定永住者の子は、その後も出生によって協定永住が取得できることとされた。したがって、協定永住は「法一二六」を母胎として生まれた分身といえよう。

なお、協定永住者には、入管令の「退去強制事由」などについて、一定の優遇措置が定められた。たとえば、一般外国人は「一年を超える懲役もしくは禁錮《きんこ》に処せられた者（執行猶予を除く）」が退去強制の対象となるが、協定永住者は「七年を超える懲役もしくは禁錮に処せられた者」がその対象となった。

その後、一九八一年の入管令改正によって、法律名が入管法となったとき、協定永住を取得しなかった者（約二七万）に、特例により「永住」（特例永住）を許可する制度が導入された。この年、日本政府は難民条約に加入したが、それを機に旧植民地出身者の処遇について若干の改善がはかられた。

すなわち、協定永住を取得しなかった「法一二六」と「その子」については、一九八二年からむこう五年間に限り(以降に出生したその子も)、申請により無条件に「永住」を許可することとしたのである。

なお、一九九一年五月に公布された、前に述べた「入管特例法」によって、「法一二六」、「法一二六の子」、「協定永住者」、「永住者(特例永住)」など同じ歴史的背景をもつ四種類が、「特別永住者」にやっと〝一本化〟されたのである(それ以前の状況については表Ⅰ－5参照)。

新規入国の外国人数

ここまでの数字は、いずれも外国人登録をしている約二〇〇万の外国人についてのものであり、いわば「ストック統計」である。しかし、そこには含まれない、より多くの外国人についても見ておかねばならない。毎年どれくらいの外国人が、どこの国からやってきて、それはまた、どの在留資格によるのか、に関するものである。いわばストック統計に対する、「フロー統計」を、少し紹介しておきたい。やはり、最新統計を利用して、**表Ⅰ－6**および**表Ⅰ－7**を作成し、その概略を見ることにする(なお外国人登録では免除されている「外交」、「公用」が、ここでは登場)。

表Ⅰ－6によると、二〇一一年中に日本に新規入国した外国人は、五四四万人余であるが、その九五％は中段の「短期滞在」で、いわゆる観光客などである(なお、「永住者」と「特別永住者」が新規入国することはないので、この表ではデータはない)。

表Ⅰ-6　在留資格別に見る新規入国外国人数(2011年，単位：人)

在留資格	新規入国者数	多い国(地域)とその人数(2位まで)
1 外交	9,678	アメリカ 2,390，韓国 1,262
2 公用	19,563	タイ 3,278，ベトナム 2,399
3 教授	2,420	アメリカ 2,374，中国 458
4 芸術	221	アメリカ 48，ロシア 40
5 宗教	737	アメリカ 412，韓国 105
6 報道	59	韓国 12，アメリカ 12，中国 11
7 投資・経営	838	中国 194，韓国 188
8 法律・会計業務	4	アメリカ 3，中国 1
9 医療	7	中国 2，アメリカ 2，中国(台湾)1，韓国 1，ネパール 1
10 研究	423	中国 75，韓国 44
11 教育	2,540	アメリカ 1,394，イギリス 302
12 技術	4,178	中国 1,375，インド 651
13 人文知識・国際業務	4,658	アメリカ 1,082，中国 728
14 企業内転勤	5,348	中国 1,717，フィリピン 641
15 興行	26,112	アメリカ 5,908，韓国 3,179
16 技能	4,178	中国 2,527，ネパール 677
17 技能実習	66,252	中国 49,535，ベトナム 6,632
18 文化活動	2,729	中国 596，アメリカ 285
19 短期滞在	5,180,962	韓国 1,481,868，中国(台湾)953,228
20 留学	49,936	中国 23,858，韓国 6,749
21 研修	16,079	中国 2,108，タイ 1,257
22 家族滞在	18,165	中国 7,547，韓国 1,956
23 特定活動	12,954	韓国 4,263，タイ 3,764
24 永住者	—	
25 日本人の配偶者等	10,766	中国 3,713，フィリピン 2,395
26 永住者の配偶者等	1,392	中国 753，フィリピン 186
27 定住者	7,811	ブラジル 2,356，フィリピン 2,184
28 特別永住者	—	
一時庇護	9	(北朝鮮)9
合計	5,448,019	韓国 1,505,228，中国(台湾)958,783

各項目の番号は表Ⅰ-2参照．
出典：法務省『平成23年出入国管理統計年報』(2012年7月)より作成．

表Ⅰ-7　国籍別に見る新規入国外国人数(2011年，単位：人)

国または地域	新規入国者数	構成比(%)	多い在留資格とその人数(4位まで)
1 韓　国	1,505,228	27.6	短期滞在 1,481,868，留学 6,749，特定活動 4,263，興行 3,179
2 中国(台湾)	958,783	17.6	短期滞在 953,228，留学 2,661，特定活動 1,563，人文知識・国際業務 217
3 中　国	721,990	13.3	短期滞在 621,632，技能実習 1 号ロ 46,560，留学 23,858，家族滞在 7,549
4 アメリカ	511,743	9.4	短期滞在 492,440，興行 5,908，留学 2,546，教育 1,394
5 中国(香港)	343,699	6.3	短期滞在 343,070，留学 318，特定活動 64，日本人の配偶者等 39
6 オーストラリア	150,960	2.8	短期滞在 148,147，特定活動 551，興行 484，留学 386
7 タ　イ	133,949	2.5	短期滞在 120,329，特定活動 3,764，研修 1,257，留学 1,256
8 イギリス	122,912	2.3	短期滞在 117,752，興行 2,474，留学 407，特定活動 407
9 シンガポール	107,914	2.0	短期滞在 107,476，留学 134，家族滞在 56，人文知識・国際業務 51
10 カナダ	91,563		短期滞在 89,501，興行 454，特定活動 282，留学 268
11 フランス	80,027		短期滞在 77,116，興行 780，留学 631，特定活動 542
12 ドイツ	71,998		短期滞在 68,322，興行 1,358，留学 585，特定活動 309
13 マレーシア	71,755		短期滞在 69,585，留学 647
14 インドネシア	53,813		短期滞在 45,462，技能実習 1 号ロ 3,046，研修 1,186，留学 1,054
15 フィリピン	51,006		短期滞在 37,407，技能実習 1 号ロ 3,184，日本人の配偶者等 2,395，興行 1,407
その他	470,679	8.6	
合　計	5,448,019	100.0	短期滞在 5,180,962，技能実習 1 号 60,847，留学 49,936，興行 26,112

各項目の番号は順位を示す．
出典：表Ⅰ-6 と同じ．

ちなみに、二〇一一年における日本人の海外渡航は、外国人の新規入国者数の約三倍にあたる一六九九万人余である。

さて次に多いのは、上段の「17　技能実習」の六万六〇〇〇人余であるが、表Ⅰ－3のストック統計では一四万余人となっている。すなわち、一年間の新規入国数の約二倍が年末に在留していることになり、「技能実習」の在日期間は平均して二年余であることを示している。また「中国」が大きな比率(七五%)を占めていることがわかる。

次に多いのは「留学」で、首位は中国である。「留学」について両統計の差を見ると、新規入国者が約五万人であるのに対し、在留数は約一九万人となっており、在日期間は、約四年と考えられる。

なお、出入国統計では、外国人登録統計と違って、「中国」と「台湾」、「香港」がそれぞれ区別されているので、この場合は狭義の「中国」からの入国者を意味する。

表Ⅰ－7は、同じ統計を、新規入国者の国籍を基準に作成したものである。もっとも多いのは韓国であり、ついで台湾、中国、アメリカの順になっている。韓国、台湾、そして中国は経済成長が著しく、また海外渡航の自由化がはかられている。なお、これまでの統計ではついぞ登場しなかったフランスやドイツが、初めて顔を出している。

この表Ⅰ－7をみると、本書の前の版ではブラジルの新規入国者数は約四万五〇〇〇人となっていたが、ここには登場もしない。二〇一一年の新規入国ブラジル人は、約二万人にすぎず、かつてのような来日現象は見られなくなっている。日本の経済不況と本国での経済発展が、その背景にあると考えられる。

この章は在日外国人について、統計数字を使って、できるだけ全体像をつかむことを心がけたつもりである。歴史的背景をもつ在日韓国・朝鮮人、それを仮にオールド・カマーと呼ぶとすれば、ニュー・カマーにあたる〝外来外国人〟が徐々に増え、二〇〇七年には逆転している。

私は、アジアからの留学生によって在日朝鮮人の存在に気づかされたが、オールド・カマーとニュー・カマーを通ずる問題の所在を、しっかりつかまねばならない時代を、ますます迎えているように思う。

いつか見たテレビの映像のなかに、ベトナム難民の子どもが学校から帰ってくると、母親に「日本名」をつけてくれとせがんでいる場面があった。ここにも、その縮図のひとつがあるように思う。そして、こうしたことは、その後もさして変わっていないのではなかろうか。

II 「帝国臣民」から「外国人」へ

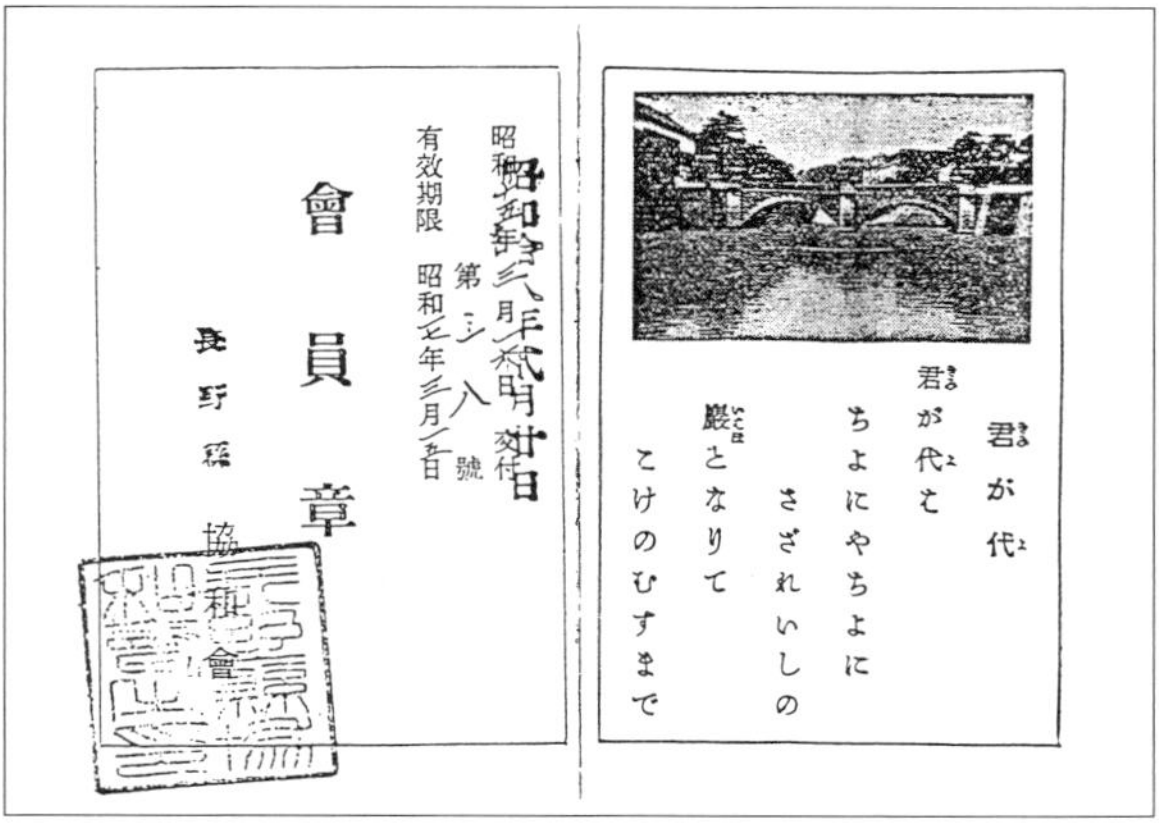

「協和会手帳」の1,2ページ目．最終ページには，「皇国臣民ノ誓詞《セイシ》」がある

序章の終わりに、留学生の世話をする仕事をしていた私は、入管令改正法案（入管法案）の登場を機に、〝点〟から〝線〟、さらには〝面〟へと視野をひろげざるをえなくなった、と書いた。それは在日朝鮮人、そしてそこに投影される日本の朝鮮植民地支配に向きあわざるをえないことを、意味していた。

朝鮮人被爆者、孫振斗さん

留学生である劉彩品さんの支援運動で出会った若者から、まったく〝異質〟な事件の相談を持ちかけられたことが、その具体的なシグナルとなった。それは韓国から密入国した朝鮮人被爆者、孫振斗《ソンジンド》さんの救援問題である。

孫振斗さんは、一九二七年、大阪に生まれた。両親、妹さんともども広島で被爆し、戦後は韓国に帰国した。しかし、被爆による後遺症に苦しみ、治療を求めて一九七〇年一二月、三度目の密航（一九五一年、六四年と二回密航、いずれも数年後に発覚、強制送還される）をはかり、佐賀県串浦港で発見されたのである。

しかも、私が話を聞いたとき、すでに密入国罪の刑事判決（懲役一〇カ月）が確定し、福岡刑務所に収監されていて、およそ、私の手におえる事件とは思えなかった。しかし、その若者は、日本の被爆者運動は同じ被爆者なのに、朝鮮人のことが充分に見えていない、と熱っぽく訴えた。

そこには、入管法案に限らず、外国人を排除、差別する体系としての「入管体制」に抗《あらが》おうとする真剣な眼差しが感じられた。現に、「韓国人原爆犠牲者慰霊碑」(一九七〇年四月除幕)が、広島の平和公園の外に押しやられているのも、その体系のひとつであったろう。その後、一九九九年七月、中国新聞の記者時代から在韓被爆者問題に取り組んだ平岡敬広島市長のとき、ようやく平和公園内に移設された。

孫さんを福岡に訪ねたのは、一九七一年九月初めだった。福岡刑務所に服役中だったが、「肺結核治療と原爆症認定疾患である肺ガンの疑いがある」ため、刑の執行が一時停止され、国立療養所福岡東病院(当時)に入院しており、その病院で初めて会ったのである。

孫さんは、とても物腰の柔らかい人だった。そして、何ごとにも元気が出ず、身体がいつもかったるいという被爆の後遺症について語り、何としても日本で治療を受け、少しでもよくなりたいとの願いを、ぽつりぽつりと訴えた。

孫さんを支える市民運動の課題は、「治療」と「在留」のふたつであった。すなわち、被爆の後遺症の治療を求めることと、それを保障するために日本在留を確保すること、である。

被爆者に関しては、「原子爆弾被爆者の医療等に関する法律」(一九五七年制定、以下、医療法)、および「原子爆弾被爆者に対する特別措置に関する法律」(一九六八年制定)の二法があった。一九九四年に二法は、「被爆者援護法」に一本化される。

そこで、まず医療法が定める「被爆者健康手帳」の交付申請を先行させることとし、一九七一年一〇月、福岡県知事に対し、その申請をおこなった。しかし、厚生省の意を受けた福岡県が「却下」したため、裁判で争うしかなくなった。

二つの課題、「治療」と「在留」

ところが病状が少し回復したところで、孫さんは再び刑務所に収監された。そして一九七三年八月に刑期が満了すると、ただちに大村入国者収容所(長崎県、現在は大村入国管理センター)に収容され、強制送還の危険が身に迫ってきた。そこで、孫さんの問題に取り組む人たちはもうひとつの手だてとして、一九七三年一〇月、退去強制令書の無効確認を求める行政訴訟を、福岡地方裁判所に提起した。かくして、「治療」と「在留」というふたつの課題は、いずれも裁判というかたちで追求することとなったのである。

被爆者健康手帳を求める裁判では、被爆者二法には「国籍」による排除がないため、結局は医療法の適用と孫さんの在留状況(密入国者)との関係に、問題は絞られることになった。県(国)側は、単に日本に存在するだけでは「地域社会の構成員」ではないから法の適用はない、と主張した。しかし、一九七四年三月、福岡地方裁判所が、七五年七月に福岡高等裁判所が、そして七八年三月には最高裁判所が、いずれも孫さん勝訴の判決を言い渡した。

最高裁判決はこう述べている。

「原爆医療法は、戦争遂行主体であった国が自らの責任によりその救済をはかるという一面をも有するものであり、国家補償的配慮が制度の根底にあることは、これを否定することができない。〔中略〕被爆者であってわが国内に現在する者である限りは、その現在する理由等のいかんを問うことなく、広く同法の適用を認めることが、同法のもつ国家補償の趣旨にも適合するものというべきである。〔中略〕被上告人〔孫さん〕が被爆当時は日本国籍を有し、戦後、平和条約の発効によって自己の意思にかかわりなく日本国籍を喪失したものであるという事情をも勘案すれば、国家的道義のうえからも首肯されるところである」(『判例時報』八八六号、一九七八年)。

この一連の勝訴判決は、もうひとつの「退去強制令書裁判」にも、見えない〝圧力〟となった。最高裁の判決確定を受けて、一九七八年九月、法務大臣が孫さんに「在留特別許可」を与えたことによって、当初からの目的である「治療」と「在留」が、やっとかなえられたのである。また、この最高裁判決は、その後の在外被爆者の救済に道を開くことにもなった。

そしてこの裁判において、支援運動を進める私たちは、弁護士ともども、当然のこととして朝鮮に対する日本の植民地支配を踏まえた主張をおこなわざるをえなかった。

宋斗会さんの訴え

孫さんを福岡に訪ねた同じ一九七一年の年末に、京都在住の見知らぬ在日朝鮮人から一通の封書が私のところに届いた。序章に述べたチュア君の事件で知りあった京都の大学教授から聞いて、私のことを知ったという。年輩の方からの手紙でもあったため、京都に出向き、お目にかかったところ、こんな話をきかされた。

「私が日本で生活するには、いちいち法務大臣の許可をえなければならないが、私は日本に何か借りでもあるのだろうか。逆に、よろしかったらいつまでもいらしてください、ぐらいの挨拶があってもいいはずだ」。「私の日本国籍は、朝鮮人ではあるが当時日本国籍を有した両親から、出生によって取得したもので、その後もそれを放棄した覚えはまったくない。それを一方的に剝奪《はくだつ》され、あらゆる面で外国人だとして差別されることは納得できない」。そこで、現在、自力で「日本国籍存在確認訴訟」を提起している、という。手紙の主は、一九一五年生まれの宋斗会《ソンドヘ》さんであった(二〇〇二年京大病院にて没)。

孫振斗さんの〝事件〟といい、宋斗会さんの在日朝鮮人が日本国籍をもつという〝逆説〟といい、それまで私が考えてもみなかったことである。入管法案がたびたび国会に上程されたとき、それにもっとも強く反発したのは、いうまでもなく在日朝鮮人であった。

「伊藤博文」が千円札に登場したとき、留学生が「このお札を毎日使うことになる在日朝鮮人の身にもなってみたら……」と語ったことが、にわかに現実味をおびてきたのである。留学

表Ⅱ-1　在日朝鮮人数と在朝鮮日本人数の推移（単位：人）

	在日朝鮮人	在朝鮮日本人	備考
1895（明治28）	12	12,303	1894～95年 日清戦争
1900（〃 33）	196	15,829	1904～05年 日露戦争
05（〃 38）	303	42,460	1905年 日韓保護条約
10（〃 43）	(790)	171,543	1910年 韓国併合条約
15（大正 4）	3,917	303,659	1910年代 土地調査事業
20（〃 9）	30,189	347,850	1919年 3・1独立運動
25（〃 14）	129,870	443,402	1920年代 産米増殖計画 1923年 関東大震災
30（昭和 5）	298,091	527,016	1931年 満洲事変
35（〃 10）	625,678	619,005	1937年 日中全面戦争
40（〃 15）	1,190,444	707,742	1939年 朝鮮人労務者内地移住に関する件
44（〃 19）	1,936,843	712,583	1941年 アジア太平洋戦争

（　）内は1909年の数字，1911年は2,527人．
出典：在日朝鮮人数は，「在日朝鮮人処遇の推移と現状」（『法務研究』43集3号，1955年）より，在朝鮮日本人数は，森田芳夫『朝鮮終戦の記録』（巌南堂書店，1964年）より作成．

生という〃窓〃からではあったが、日本における外国人の地位・処遇についてあれこれ考え始めていた私にとって、これらはあまりにも重い課題となった。

在日朝鮮人と在朝鮮日本人　在日朝鮮人数の推移について、ひとつの統計を掲げておく（表Ⅱ－1）。

この表には、在朝鮮日本人数も掲げてあるが、それがいかに大きいかを比較するためである。五年ごとの数字がとってあるが、在日朝鮮人数が初めて在朝鮮日本人数を上まわったのは、ちょうど一九三五年のことである。それまでは、一貫して在朝鮮日本人数のほうが、しかもかなり大きな差でもって上まわっていた。

日本が朝鮮を〝半植民地〟にした一九〇五年段階で、四万を超える日本人が朝鮮に渡っている(そのときの在日朝鮮人数はわずかに三〇三人で、ほとんどは留学生)。

すでに植民地としていた台湾には、同じ一九〇五年、約六万人の日本人が渡っていた。これらは、植民地経営のために、外にヒトを押し出す日本での〝内圧〟をうかがわせる。

在日朝鮮人数が在朝鮮日本人数を上まわる時期は「一五年戦争期」であり、日中全面戦争における国家総動員体制が大きな影を落としていたことはいうまでもない。在日朝鮮人を管理するために、全国の各知事を会長とする「県協和会」が設立され、その基本単位として支会が設置された。厚生省に「中央協和会」が設立されたのも一九三九年のことである。

支会は各警察署を単位として組織され、会長は署長があたり、幹事は「特別高等警察課内鮮係」、会員は管内居住の朝鮮人がすべて対象とされた。会員には「協和会手帳」(本章の扉写真)が渡され、その常時携帯が義務づけられた。朝鮮から強制連行された者も、例外ではなかった(樋口雄一『協和会』社会評論社、一九八六年参照)。

アメリカの「在日」認識

一九四五年八月、日本がポツダム宣言を受諾したことによって、日本の植民地支配には終止符が打たれた。また、ポツダム宣言が引用するカイロ宣言(一九四三年)には、「前記の三大国〔アメリカ、中国、イギリス〕は、朝鮮の人民の奴隷状態に留意し、やがて朝鮮を自由独立のものにする決意を有する」とあった。

二三〇万人に達していた在日朝鮮人は、つぎつぎと本国に帰還するが、国に帰っても住む家もなければ耕やす田畑もない人、そして日本ですでに生活の基盤を築いている人などは、日本に残留することとなる。戦後のもっとも古い記録として一九四六年三月現在の登録数が残っており、その数字は六四万七〇〇六となっているので、約四分の三が本国に帰還したことになる。

日本は戦後、アメリカを中心とする連合国の占領下におかれる。アメリカは占領に先だって、さまざまな占領研究を進めていた。そのなかには、「在日非日本人居留民に対する政策」(CAC二二七、一九四四年六月。邦訳は『法律時報』一九七八年四月号所収)、および「在日外国人」(R&A二六九〇、一九四五年六月。邦訳は『部落解放研究』六五号、一九八八年所収)などがある。

これらは、たとえば一九二三年の関東大震災における朝鮮人虐殺事件などにも触れ、日本人による暴力や社会的、経済的な差別から外国人を保護する必要がある、と指摘している。

こうした事前研究を踏まえたと思われる文書に、「日本の統治体制の改革」(SWNCC二二八、一九四六年一月。原文および邦訳は高柳賢三ほか『日本国憲法制定の過程Ⅰ』有斐閣、一九七二年所収)がある。そこには、次のような認識が示されている。

すなわち、「日本の憲法(旧)は、基本的諸権利の保障について、他の憲法に及ばない。それは、これらの権利をすべての人に対して認める代りに、それらは日本臣民に対してのみ適用すると規定し、日本にいる他の人はその保護をうけられないままにしている」と述べたうえで、「日本臣民および日本の統治権の及ぶ範囲にいるすべての人の双方に対して基本的な人権を保障する旨を、憲法の明文で規定することは、民主主義的理念の発達のための健全な条件を作り出し、また日本にいる外国人に、彼らがこれまで(日本国内で)有していなかった程度の(高い)保護を与えるであろう」と指摘している。

憲法から消えた外国人保護条項

一九四六年二月一三日、日本政府に手渡された「マッカーサー憲法草案」には、これを受けて第一六条で、「外国人は、法の平等な保護を受ける」と明記された。しかし、この条項は、日本政府と占領当局とのあいだでの交渉過程で脱落し、現行憲法第一四条(法の下の平等)のなかに〝矮小化〟されてしまうのである。

まず、外国人保護をうたった独立の条項は削除され、一般的な平等条項のなかに含まれることとなる。しかし、この段階では、「すべての自然人は、その日本国民であると否とを問わず、法律の下に平等にして、人種、信条、性別、社会上の身分もしくは門閥または国籍により、政治上、経済上、または社会上の関係において、差別せらるることなし」(原文片仮名。句読点を付し、現代仮名遣いに改めた)となっており、当初の趣旨はまだ生かされていた。

だが、次の段階では、「日本国民であると否とを問わず」が消え、さらに「国籍」は「門地」に変わり、最終段階では、「すべての自然人は……」は「すべて国民は……」となって、外国人の平等保護・権利保障という重要なポイントは消えてしまうのである(古関彰一『日本国憲法の誕生』岩波現代文庫、二〇〇九年参照)。そして、「国民」とは「日本国籍保有者」であるとの解釈が生まれ、外国人の権利保障は〝未完の戦後改革〟に終わったといえよう。

参政権の停止

ところで、在日朝鮮人は、戦後どういう地位におかれたのかをも見ておきたい。最初にあらわれた目にみえる変化は、「参政権の停止」である。戦前は、同じ「帝国臣民」であり、「内地」に在住していた男子の朝鮮人、台湾人は、選挙権も被選挙権もともに有していた。したがって、昭和初期の普通選挙の実施以降は、衆議院議員選挙にのべ一一名が立候補し、のべ二名が当選(朴春琴が東京で二回当選)している。

一九四五年一二月、政府は婦人参政権付与などを盛り込んだ衆議院議員選挙法の改正をおこなったが、同時に附則に「戸籍法の適用を受けざる者の選挙権および被選挙権は、当分の内これを停止す」を加えることによって、朝鮮人および台湾人(いずれも日本には戸籍がない)に選挙権を行使させない措置をとった(水野直樹「在日朝鮮人・台湾人参政権『停止』条項の成立(正・続)」、世界人権問題研究センター『研究紀要』一号(一九九六年)、二号(一九九七年)参照)。

同じ「帝国臣民」でも、朝鮮人、台湾人の戸籍は朝鮮なり台湾にあり、「内地」に転籍することは禁じられていた。したがって、このようにしばしば「戸籍」を基準にする区分がおこなわれたのである。

ときの堀切善次郎内務大臣は、その提案理由について、およそ次のように説明している。「ポツダム宣言の受諾によって、朝鮮人、台湾人は原則として日本の国籍を喪失することになるので、選挙に参与することは適当でない。もっとも、講和条約の締結まではなお日本の国籍を保有しているので、ただちにそれを禁止するのでなく、当分の間これを停止する取り扱いにした」(『議会制度七十年史資料編』大蔵省印刷局、一九六二年)と。

このため、在日朝鮮人は戦後の日本のあり方について〝発言権〟を持つこともできず、ひたすら〝受け身〟の立場におかれることになった。

外国人か、日本人か

次にあらわれた変化は、「外国人登録」をおこなう義務が課されたことである。一九四七年五月二日(翌日は新憲法施行日)に公布施行された、史上最後の勅令(天皇により制定される法令)である「外国人登録令」(勅令二〇七)によって、「台湾人および朝鮮人は、この勅令の適用については、当分の間、これを外国人とみなす」(第一一条)と定められた。

これによって新たに外国人登録が義務づけられ、同時に「外国人登録証明書」の携帯と呈示の義務も課されることになった(指紋押捺義務は、五二年の「外国人登録法」まではなかった)。かつて、「協和会手帳」の携帯を義務づけられた時代の再来と、当事者が大きな反発を示したことはいうまでもない。

一方、日本人と同一であることが要求されることもあった。その最大のものは、「民族教育の否定」である。戦前は、国語は「日本語」とされ、「皇国臣民ノ誓詞」に象徴される徹底した「皇民化教育」が強制され、その民族性の抹殺がもくろまれた。ハングルも知らなければ朝鮮民族の歴史や文化も知らない子どもたちが、育ちつつあったのである。

解放後の朝鮮人は、本国はもちろん日本においても、奪われた言葉、文化、歴史、民族性の復権という難事業にこぞって取り組んだ。日本各地に母国語講習会が生まれ、それはやがて民族学級、民族学校へと発展していった。

敗戦後、一年たらずのあいだに、五二五の初級学校、四つの中学、一二の青年学校が日本各地につくられた（金徳龍『増補改訂版　朝鮮学校の戦後史』社会評論社、二〇〇四年参照）。

一方、日本の学校教育は、新憲法の施行される年（一九四七年）の四月から、六・三・三・四制の導入をはじめとする新学校制度に移行していった。

文部省は一九四八年一月、朝鮮人も日本の学校への「就学義務」があるとの見解を打ち出し、民族学校は認めないとの方針を通達した。やがて、各地の朝鮮人学校には閉鎖ないし改組の命令が出される。この方針は、在日朝鮮人は「日本国籍」を有しており、日本人と同様に日本の学校への「就学義務」を負う、という見解に裏打ちされていたのである。これに対する朝鮮人父母の反対は熾烈《しれつ》をきわめ、四八年四月、占領下で唯一の「非常事態宣言」が出されたのは、ほかでもない阪神地区の朝鮮人学校閉鎖にあたってである。

このようにみてみると、在日朝鮮人は、ある面では「外国人」とみなされ、またある面では「日本国民」とされたということになり、結局は当局側にとって都合のいいように扱われたということになろう。

日本国籍の喪失

こうした状況は、しかし平和条約の発効(一九五二年四月二八日)によって、まったく新しい局面を迎えることになる。日本政府は、平和条約発効を機に、旧植民地出身者は「日本国籍」を喪失し、したがって「外国人」になった、との見解を打ち出した。それは、具体的には、法務府(現在の法務省)の「民事局長通達」(一九五二年四月一九日、民事甲第四三八号)によって示され、その骨子は次のとおりである。

(1)朝鮮人および台湾人は、〔日本〕内地に在住する者も含めてすべて日本国籍を喪失する。

(2)もと朝鮮人または台湾人であった者でも、条約発効前に身分行為(婚姻、養子縁組など)により内地の戸籍に入った者は、引き続き日本国籍を有する。

(3)もと内地人であった者でも、条約発効前の身分行為により、内地戸籍から除かれた者は、日本の国籍を喪失する。

(4)朝鮮人および台湾人が日本の国籍を取得するには、一般の外国人と同様に帰化の手続きによること。その場合、朝鮮人および台湾人は、国籍法にいう「日本国民であった者」および「日本の国籍を失った者」には該当しない。

しかし平和条約には、国籍が変わることを直接に定めた規定はなく、右のようなことは、日本政府の独自の見解によったというほかない。

ヨーロッパ諸国において、植民地の独立にともなう国籍処理は、どうなっているのだろうか。イギリスの場合、本国と新独立国とのあいだでは、ある種の〝二重国籍〟が保障された。一九四八年のイギリス国籍法によると、新独立国の国民は「イギリス連邦市民」という地位をもち、イギリス本国では「外国人」とは扱われなかった。こうした状態が一九六二年までつづき、その後、徐々に改められ、一九七一年の「移民法」になって、初めて出入国についても一般外国人と同様に扱われるようになった。

アルジェリアのフランスからの独立は、民族解放戦争をへて、一九六二年の「エビアン協定」によって達成された。同協定の附属文書には、フランスにおけるアルジェリア人は、政治的権利を除いてフランス人と同様の権利を有する、とうたわれている。

朝鮮の独立は、しかし日本と朝鮮との関係で達成されたのではなく、日本の敗戦の結果として実現したのである。その点は、ドイツの敗戦とオーストリアの独立が、日本によく似た事例といえよう。

西ドイツ(当時)では、一九五六年五月、国籍問題規制法を制定して問題の解決をはかっている。それによると、併合により付与された「ドイツ国籍」は、オーストリア独立の前日にすべて消滅すると定めるとともに、一方で、ドイツ国内に居住するオーストリア人は、意思表示によりドイツ国籍を回復する権利をもつ、すなわち「国籍選択権」が認められたのである（川上太郎「西ドイツの国籍問題規制法」『戸籍』一九七六年五月号参照）。

なぜ「国籍選択」にならなかったのか

日本では「国籍選択」など、まったく考えられなかったのだろうか。

前に述べた選挙法改正の際、堀切内務大臣は、「内地に在留して居ります朝鮮人〔中略〕に対しましては、日本の国籍を選択し得るということになるのが是《これ》までの〔国際先〕例のようであります、今度も恐らくそういうことになるではなかろうかと考えます」と答弁している（一九四五年一二月五日、衆議院、衆議院議員選挙法改正案委員会議録第二回）。その後も、衆議院の外務委員会で、川村松助外務政務次官が、「〔国籍については〕大体において本人の希望次第決定されるということになるのではないかという見通しを持っております」と答弁している（一九四九年一二月二一日、衆議院、外務委員会議録第一回）。

さらに、占領当局側にも同じ考えがあったようで、アメリカの南朝鮮軍政庁に勤務したワグナーの『日本における朝鮮少数民族』（一九五一年、外務省邦訳一九六一年）にも、「事情が許せば、朝鮮人は日本または朝鮮のいずれの市民権を選ぶかの、明確な選択権を与えられるであろう」とある。

では、なぜこうした国籍選択方式が採用されず、さきにみたようにいっせい喪失宣告がなされたのだろうか。その間の経緯はまだ充分には研究されていないので、〝点〟と〝点〟を結ぶようなかたちで述べるしかない。

平和条約は、一九五一年九月八日、サンフランシスコで調印され（日本を含む四九カ国が署名）、第一二回臨時国会で批准された。平和条約における領土条項には、カイロ宣言、ポツダム宣言を引きつぐかたちの一般的な植民地放棄がうたわれただけである。

そして、国会における条約審議は、朝鮮、中国について、二つの政府のうちどちらを選ぶかという意味での「選択問題」は幾度も議論されているが、「国籍処理」、あるいは旧植民地出身者の地位・処遇問題については、きちっとした論議はおこなわれていない。わずかに曾禰《そね》益《えき》議員（右派社会党、外務省出身）が、日本とのあいだにおける国籍処理問題を扱っているだけである。

曾禰議員の「分離される地域の住民の国籍の帰属でございます。で、私は、この問題は日本に将来少数民族問題を残したくない。〔中略〕〔国際法の〕先例等に徴しまして、やはり国籍の選択権を与え、〔中略〕その結果、外国籍を選択した者については、〔中略〕究極においてはこれは退去してもらう。この原則を打立てて、この原則の上に〔韓国と〕交渉すべきではないかと思いまするが、これに関する政府の御所見を伺いたい」との質問に対し、吉田茂首相は次のように答弁している。

「名前までも改めさして、日本化をさせるということに非常に従来の政府が力を入れておった結果、朝鮮人にして日本に長く土着〔原文ママ〕した人もあれば、或《ある》いは又日本人になり切った人もある。〔中略〕同時に又何か騒動が起きると必ずその手先になって、そうして地方の騒擾その他に参加するという者も少くない。いいのと悪いのと両方あるので、その選択には非常に〔中略〕、選択して国籍を与えるわけではありませんけれども、朝鮮人に禍いを受ける半面もあり又いい半面もある。〔中略〕特に朝鮮人に日本の国籍を与えるについてもよほど考えなければならんことは、あなたの言われるような少数民族という問題などが起って、随分他国で以《もっ》て困難をいたしている例も少くないのでありますから、この問題については慎重に考えたいと思います」(一九五一年一〇月二九日、参議院、平和条約特別委員会議録第五号)。

国会での政府の答弁

曾禰議員は、その後、吉田首相の答弁が必ずしも選択を否定していないのに、西村熊雄条約局長が、それとは異なった答弁をしている点を問題にした。しかし、それに対して西村条約局長は次のように述べている。

「曾《か》つて独立国であったものが合併によって日本の領土の一部になった、その朝鮮が今度の平和条約によって独立を回復するという場合には、朝鮮人であった者は、独立回復の結果、当然従前持っていた朝鮮の国籍を回復すると考えるのが通念でございます。でございますから、この〔平和条約〕第二条(a)には国籍関係は全然入っていないわけであります。〔中略〕日本に相当数の朝鮮人諸君が住んでおられます。これらの諸君のために、特に日本人としていたい希望を持っておられる諸君のために、特別の条件を平和条約に設けることの可否という問題になるわけであります。その点を研究いたしました結果は、今日の国籍法による帰化の方式がございますので、この帰化の方式によって十分在留朝鮮人諸君の希望を満足できるとの結論に達しまして、特に国籍選択というような条項を設けることを〔連合国側に〕要請しないことにしたわけであります」(一九五一年一一月五日、同会議録第一〇号)。

平和条約第二条(a)項の朝鮮に対する「領土放棄条項」を使って、在日朝鮮人の「日本国籍」を喪失させる筋書きが、どの時点で作られたかはともかく、それが明らかにされたのはこの答弁が初めてではなかろうか。

在日朝鮮人の国籍問題は、第一次世界大戦後のベルサイユ条約にある国籍選択方式を念頭におきながら、やがては国籍のいっせい喪失へ、そして、それ以降の日本国籍取得は「帰化」によって対処する、その際も、「日本国民であった者」とも「日本国籍を失った者」とも扱わない、ことによって完結した。

それは、かつて「帝国臣民」たることを強制した者を、一般外国人とまったく同じ条件で帰化審査に付すことを意味し、みごとに〝歴史の抹消〟がなされたといえよう。

そもそも、帰化というのは、日本国家がまったく自己の好みによって相手を自由に〝選択〟できる制度なのである。前にみた西ドイツにおける国籍選択は、オーストリア人の選択に西ドイツが従う制度であり、日本とはまるで正反対である。

かくして、いったん「外国人」にしてしまえば、あとは日本国民でないことを理由に国外追放も可能なら、さまざまな〝排除〟や〝差別〟も、ことごとく国籍を持ち出すことによって〝正当化〟され、それが基本的には今日まで維持されているのである。

吉田首相からの手紙

こうした政策決定と、それを維持しているものは何だろうか。日本政府の歴史認識に大きな問題があったのではないか。

日本の戦後政治の骨格を形づくったといわれる吉田茂首相の、マッカーサー宛ての手紙には、こんなことが書かれている(一九四九年八月末から九月初旬に書かれたと推定される)。

朝鮮人居住者の問題に関しては、早急に解決をはからなければなりません。彼らは、総数一〇〇万に近く、その約半数は不法入国であります。私としては、これらすべての朝鮮人がその母国たる半島に帰還するよう期待するものであります。その理由は、次の通りであります。

(1)現在および将来の日本の食糧事情からみて、余分な人口の維持は不可能であります。

米国の好意により、日本は大量の食糧を輸入しており、その一部を在日朝鮮人を養うために使用しております。このような輸入は、将来の世代に負担を課すことになります。朝鮮人のために負っている対米負債のこの部分を、将来の世代に負わせることは不公平であると思われます。

(2)大多数の朝鮮人は、日本経済の復興にまったく貢献しておりません。

(3)さらに悪いことには、朝鮮人の中で犯罪分子が大きな割合を占めております。彼らは、日本の経済法令の常習的違反者であります。彼らの多くは共産主義者並びにそのシンパで、最も悪辣な種類の政治犯罪を犯す傾向が強く、常時七〇〇〇名以上が獄中にいるという状態であります。

戦後の朝鮮人による起訴犯罪事件数は次の通りです〔詳細省略。一九四八年五月末までで、九万一二三五名の朝鮮人が犯罪に関与したという数字をあげている〕。

さて、朝鮮人の本国送還に関する私の見解は次の通りであります。

(1)原則として、すべての朝鮮人を日本政府の費用で本国に送還すべきである。

(2)日本への残留を希望する朝鮮人は、日本政府の許可を受けなければならない。許可は、日本の経済復興に貢献する能力を有すると思われる朝鮮人に与えられる。

上述のような見解を、原則的に閣下が御承認くださるならば、私は、朝鮮人の本国帰還に関する予算並びに他の具体的措置を提出するものであります。

敬具

吉田茂

連合国最高司令官

ダグラス・マッカーサー元帥

（原文は英文で、アメリカのマッカーサー文書館所蔵。ここに紹介した大沼保昭氏の邦訳は『法律時報』一九七九年四月号所収。なお、法政大学の袖井林二郎氏も同じ書簡を『法学志林』七九巻二号、一九八二年、に紹介されている）

この書簡が多くの事実誤認と民族的偏見に満ちていることは、あきらかである。東西対立のなかでのアメリカの極東戦略の必要性から、日本占領政策は大きく変質しつつあったとはいえ、さすがにアメリカはこの要求には応じなかった。しかし、日本政府のこうした認識が結果において認められ、植民地統治が生んだ在日朝鮮人に対する事後責任は、結局のところ〝免罪符〟を得たかの観さえ残ったのである。

日本自身の課題へ

国籍処理そのものに異をとなえる裁判は、宋斗会さんの提訴以降も何件かなされたが、いずれも平和条約により日本国籍を喪失したという、前に述べた「民事局長通達」の追認に終わっている。この通達による国籍喪失には多くの問題があるが、この点について詳細な検討を加えたものに大沼保昭『在日韓国・朝鮮人の国籍と人権』（東信堂、二〇〇四年）がある。

さきの孫振斗さんの「被爆者健康手帳裁判」の最高裁判決も、「自己の意思にかかわりなく日本国籍を喪失した」と言及したにすぎなかった。

しかし、下関の趙健治《チョコンチ》さんが、一九八六年に山口地方裁判所に提起した「日本国籍確認、損害賠償、謝罪請求事件」の控訴審判決において、広島高等裁判所は趙さんの主張はしりぞけたが、判決理由のなかで、より踏み込んだ言及をしている。

「在日朝鮮人が、その歴史的経緯により日本において置かれている特殊の地位にもかかわらず、日本人が憲法ないし法律で与えられている多くの権利ないし法的地位を享有し得ず、法的、社会的、経済的に差別され、劣悪な地位に置かれていることは事実であるが、右は在日朝鮮人が日本国籍を有しないためではなく、主として日本の植民地支配の誤りにより在日朝鮮人が置かれた立場を顧慮せず、日本人が享有している権利ないし法的地位を在日朝鮮人に与えようとしなかった立法政策の誤りに由来する」（一九九〇年一一月二九日、広島高裁民事第二部の判決）。

これは、在日朝鮮人問題が日本自身の課題であることを自覚しはじめた裁判官が出てきたこと、また、社会の意識も変わりつつあることをあらわしてはいないだろうか。

Ⅰ章で触れたように、一九九一年の「日韓覚書」を受けて、入管特例法が制定され（同年一一月一日施行）、「特別永住者」という新しいカテゴリーが生まれた。これによって、旧植民地出身者およびその子孫は、出身地（南北朝鮮、台湾）のいかんを問わず、世代（一世、二世、三世……）のいかんを問わず、すべて「特別永住者」としてようやく一括されたのである。

特別永住者の入管法上における特例は、おおよそ次のとおりである。

まず、退去強制については、(1)内乱に関する罪、外患に関する罪、国交に関する罪により禁《きん》錮《こ》以上の刑に処せられた場合、(2)外交上の利益に係る罪で禁錮以上の刑に処せられた場合で、法務大臣がそれにより日本国の重大な利益が害されたと認定したとき、(3)無期または七年を超える懲役または禁錮に処せられた場合で、法務大臣がそれにより日本国の重大な利益が害されたと認定したとき、に限定された。

次に、再入国許可の有効期間については、当初は四年以内（一般外国人は一年以内）、その後、海外において一年は、その延長ができる。当初から通算すると五年（一般外国人は二年）になるので、日本人の旅券の有効期間と同じということになる。再入国許可制度は二〇一二年七月から新制度となるが、それについては終章で述べる。

特別永住者は、入管法上ではこうした特例が設けられた。その他のさまざまな法律の適用においても、こうした特例が考えられるべきであるが、まだそのような動きは見られない。

III　指紋の押捺

指紋押捺拒否予定者会議の発会式（1984 年 9 月 29 日，提供：OH 企画，撮影：道岸勝一）

押捺拒否の意味するもの

在日朝鮮人が「帝国臣民」から一転して「外国人」と宣告されたのは、平和条約が発効した一九五二年四月二八日のことである。まさにこの日に、占領下で制定された「外国人登録令」が廃止され、それに代わって「外国人登録法」が登場し、初めて「指紋」押捺義務が盛り込まれたのである。八〇年代を通じて大きな社会問題、政治問題となった指紋押捺拒否は、ここにその「起点」がある。

指紋押捺拒否は、通常、一九八〇年九月、東京・新宿区役所における韓宗碩《ハンジョンソク》さん(一九二八年生、両親とともに九歳で渡日)が第一号であり、この〝たった一人の反乱〟からことが始まったといわれる。その韓さんから、いろいろ話を聞いたことがあるが、そのとき韓さんは次のように語った。

いままで何度となく、指紋を押してきました。しかし、考えてみると、私の子も孫も同じように押しつづけることになります。私は、子孫にこれといって残してやれない代わりに、指紋を採られなくて済むようにぐらいは、してやれないかと思ったんです。最近、日本では「国際化だ」とか、「国際人権だ」とか、さかんに叫ばれています。指紋が残っていることは、それと矛盾するように思えてなりません。

でも怖かったです。〔外国人登録証の〕切替えのとき、指紋を押さなければ、登録証はくれないだろう。だとすると、登録証の提示を求められた際、「不携帯」で逮捕され、下手《へた》をすると大村〔入国者収容所〕送りになって、韓国に強制送還されるかもしれない、と思うと。でも、指紋を押さなくても、ちゃんと登録証をくれたので、いささか拍子抜けした感じでした。

指紋押捺拒否者は、その後、だれいうともなく一人また一人と生まれ、いつしか〝燎原《りょうげん》の火〟のごとき様相を呈した（本章扉写真参照）。当時、指紋押捺拒否者が一〇人いれば一〇通りの物語があるというのが、私の実感だった。

韓宗碩さんは一世であるが、若い世代はまた異なった物語を負っていた。

ある若者は、子どものころ、学校で朝鮮人をいじめる場面に出くわしたとき、自分が朝鮮人であることを知られたくないために、日本人といっしょになって懸命にいじめに加わった往時の〝苦い体験〟を告白するなかで、指紋押捺拒否への思いを私に語った。

ある在日朝鮮人の女子大学生は、「どこかで、朝鮮人だから、これぐらいは我慢しなきゃと、自分を殺して最初の指紋を押した」過去を思い起こし、そして、「私は、自分も素直に生きたい、自分らしく生きたい、今までの自分はどこかすごく抑えていたな、と思います。指紋〔押捺〕を拒否してから、友だちにすごく明るくなったって言われるの」と語っていた。

これは、私が司会をつとめた、ある座談会で聞いた話である。

その座談会で、作家の李恢成《イフェソン》氏は、次のような発言をしている。

「指紋が人間の同一人性を確認する最高の方法だ、ということがピンとこない。自分が何者であるかは、決して自分自身では証明できない。つまり、人間というのは他者との関係において、はじめて証明されるものだと思う。そういう相対的な物の考え方というか、人間論的な考え方が、法律の原理に導入されなければ、法の適用を誤ってしまう危険性がある。人間を疑りつづけざるを得ないわけです。〔指紋押捺は〕非人間的なもので、人間発見の思想が欠落しているんじゃないか、という気がする」（戦後責任を考える会『戦後責任』第三号、一九八五年）。

各地でおこなわれた「指紋裁判」

日本では、一年以上在留する一六歳（一九八二年改正前は一四歳）以上の外国人は、外国人登録にあたって、指紋押捺を義務づけられていた。八二年の改正前は「三年ごと」にそれをくり返し、改正後は「五年ごと」となり、八七年の改正によって「原則初回のみ」となった。

そして、押捺に応じなければ、「一年以下の懲役もしくは禁錮、または二〇万円〔八二年改正前は三万円〕以下の罰金に処する〔併科も可〕」と定められていた。

指紋押捺拒否者の多くは、警察、検察の取り調べを受けた後、起訴され、刑事被告人として法廷に立った。指紋押捺拒否で初の逮捕者となったのは京都の金明観《キムミョンガン》さんで、一九八三年六月のことだった。かくして弁護士がつき、市民運動が傍聴席をうめつくす「指紋裁判」が各地で進められた。

しかし、この裁判では、指紋を押したか否かが争われることはなく、もっぱら指紋押捺制度そのものが問われたのである。したがって、被告人が逆に日本政府を〝告発〟する裁判だった、ともいえる。

それぞれの弁護士と市民運動は、日本の外国人指紋押捺制度にあらゆる角度からメスを入れることに、じつに精力的に取り組んだ。そこでは、もちろん日本の植民地支配そのものにも果敢な批判が加えられたことはいうまでもない。また、指紋押捺が「屈辱の烙印」、「差別の象徴」であることを、みずからの肉声をもって立証することも忘れなかった。

私も、西に東にと、数多くの法廷の証言台に立った。法廷が違ったからといって、同じ証言をするわけにはいかない。検察側が反対するので、他の法廷でのものと重複しない範囲での証言をおこなわざるをえなかったのである。新しい事実や新しい資料を発見しながらの、文字通りの〝自転車操業〟の行脚であった。

外国人指紋押捺制度は、どのようにして導入されたのだろうか。今までの調査でさかのぼりえたもっとも古い記録は、一九五一年三月二七日の国会における出入国管理庁の答弁である。

指紋押捺制度導入の背景

すなわち、「登録証明書の三年間の有効期限は長過ぎる。〔中略〕うわさによれば売買も行われておるというふうな事実もあるようであります。これを一年ごとに切かえて、毎年登録をさせるということと、それからこれはアメリカの実例等を調べましても、指紋をとるようになってから、そういう偽造その他の例が非常に激減した、というふうなことも判明いたしておりますので、指紋をとるということをあわせて実行する必要がある、かように考えております」(衆議院、行政監察特別委員会議録第三号)。

この答弁の一年後に、「指紋」と「二年ごとの切替え」を盛り込んだ外国人登録法が制定されたのである。

しかし、その前に少なくとも二度の「試み」がなされた記録が残っている。日本敗戦の翌年にあたる一九四六年一一月、大阪では「朝鮮人登録に関する件」(大阪府令一〇九)が制定され、その登録証には「左右のひとさし指」の指紋欄が設けられている。だが、朝鮮人団体の激しい抵抗にあい、指紋押捺は結局求めないという〝妥協〟が成立したようだ(金府煥編著『在日韓国人社会小史』共同出版社、一九七七年)。

なお、この府令は、翌年五月に廃止され、さきの「外国人登録令」に吸収されるかたちになった。

その外国人登録令に、「指紋」を追加しようとする動きもあった。

一九四九年九月一六日付で、外務省連絡局長から法務府法制意見長官（現在の内閣法制局長官）宛てに、「外国人の登録事項に指紋を追加する」ことについて「照会」がなされている（『法務総裁意見年報』第二巻、穂高書房、一九五〇年）。照会の趣旨は、指紋押捺追加の是非ではなく、それが自治体の条例で規定しうるかどうかである。

大阪の府令もそうであるが、いずれも占領当局から持ち出されている（アメリカは日本と違って、連邦制のため、地方によって法令が異なる）。また、アメリカでは、第二次世界大戦中に制定された「外国人登録法」が、「指紋」を採用していたことも反映しているようだ。

外務省の照会文の最後には、興味ある次のような記述が付記されている。

「なお、本件について、法務府民事局第六課（その後の法務省入国管理局登録課）では、政策的に見て、(イ)、指紋がわが国においてはいまだ犯罪捜査以外には余り一般的に使用される段階にない事、(ロ)、特に本件外人登録は在日朝鮮人を主として目的とする関係上、他の一般日本人に対してなされていない事を、これら特定人に強制する結果となり、面白からぬ結果を惹起するのではないか、との意見である」

こうした認識のためか、同じ四九年の一二月に大幅な外国人登録令の改正がおこなわれたが、少なくとも「指紋」は登場しなかった。

この改正では、初めて、登録に切替え制（三年ごと）が新設されたり、登録証の不携帯に罰則がつき、また一般的に罰則の量刑が引き上げられるなど、かなりの規制強化がはかられたにもかかわらず、「指紋」は採用されなかったのである。

前に述べた国会答弁が、一九五一年三月であるから、この改正（一九四九年一二月）の翌五〇年初めからの一年三カ月のあいだのどこかの時点で、指紋押捺制度導入の政策決定がなされたと考えられる。

朝鮮戦争のもとで

一九五〇年六月には、「朝鮮戦争」が勃発している。一九四九年一〇月の中華人民共和国の成立もあり、極東情勢は大きく変貌していた。

じつは先の国会答弁は、一九五一年三月、衆議院の行政監察特別委員会に、「密輸および密出入国問題を中心とした治安行政機関の組織、協同ならびに運営の綜合的監査の要求書」が提出され、その審議の過程でなされたものである。

当時の在日朝鮮人運動は、主として日本共産党の指導下にあったといわれる。戦乱による避難民の流入をはじめ、日本には大きな「戦争の影」が落ちており、治安当局は在日朝鮮人の動向にきびしい姿勢で臨んでいた（たとえば、増田正度「国内治安維持に極めて重要な在日朝鮮人問題」

『警察時報』一九五二年四月号)。

どうやら、朝鮮戦争下で外国人への指紋押捺の導入が決定されたようだ。

外国人指紋押捺の導入は、一方で「国民指紋法」の構想と同時進行であったことも明らかになった。

「国民指紋法」の構想

外国人登録令に「指紋」を追加しようとする動きがあったころ、国会では、国民指紋法を制定したらどうかという議論がなされている。一九四九年七月から一〇月にかけて、衆議院の法務委員会では、帝銀事件、下山事件、三鷹事件などの捜査が難航していることが取りあげられ、科学的な捜査体制を確立するために、国民に指紋を登録させることが話題となっている。しかし、結局、法案作成にもいたらなかった。

ところが、翌一九五〇年になると、任意で一般住民から指紋をとることが始められている。たとえば、「指紋採取第一号に田中警視総監、犯罪捜査や防犯資料として、警視庁が全都民を対象に実施(一月一〇日、警視庁総監室)」と付された写真が残っている(『一億人の昭和史⑤』毎日新聞社、一九七五年)。東京に限らず、あちこちで任意にもとづく指紋採取がおこなわれたようだ。

しかし、これらの指紋採取の弱点は、法的な強制力を欠いていたことである。次の警視庁鑑識課の談話は、この間の事情を如実に物語っている。

「指紋採取に際しては、人権がどうのということでなしに、むしろ自己の権利を守るという明るい観点から協力してもらいたい。この実施には、法的拘束力はないので、拒否されればできないが、島根、山梨、山口では結果は協力的であると聞いている」(『東京新聞』一九五〇年一一月一四日)。

なかには、宮城県のように、「住民の指紋登録に関する条例案」が議会に提案されたところもある。県議会では特別委員会まで設けて審議されたが、「犯罪捜査に役立つことは認められるが、その他の相関するところ広汎《こうはん》であり、法的な見解についても釈然たらざるところがあり」(「県議会議事録」一九五一年三月二二日)と、結局見送られた。

自動車の運転免許証取得者(一九五一年から六四年まで)や、国家公務員試験合格者(一九五〇年から五九年まで)が指紋登録をおこなったのも、こうした動きに関連するものと思われる。

愛知県では、全中学三年生から指紋をとるようにしていたが、それは一九五五年に始まり、反対運動に押されて七〇年には廃止された。

ともかくも、国民指紋法構想に端を発した指紋登録の動きは、かなり広範囲に及んだことがうかがえる。しかし、いずれも法的な強制力を持つものではなく、つぎつぎと姿を消していった。

ここに、「条例で指紋押捺を強制することの可否について」と題する興味ある行政の先例が残っている。一九五二年一月、地方自治庁（現在の総務省）行政課長の全国自治体警察連合事務局宛ての回答は、次のように述べている。

「〔条例が〕犯罪捜査以外の目的のために制定されるものであるとするならば、事柄の性質上、右〔前出〕の指紋の採取に応ずる義務を課することが、当該行政目的を達成するため必要不可欠であり、かつ、必要最少限度の自由権の制限であるかどうかについて、慎重な検討を加える必要があり、一般的には消極的に解すべきものと考えられる」（『自治研究』一九五二年七月号所収）。

要するに、人権上好ましくない、というのである。これと同じ人権感覚をもってすれば、外国人の指紋押捺制度も否定されなければなるまい。皮肉なことに、外国人登録法が制定されたのは、この回答が出された直後ということになる。

外国人の指紋押捺は、まさに日本人と外国人を〝分断〟し、外国人に対する〝差別〟を生み出すものなのである。

導入後も続く抵抗

一九五二年四月、外国人登録法によって指紋押捺制度が導入されたものの、それがすんなり実施に移されたわけではない。当時の反対運動の具体像を知る手がかりは見あたらないが、同法の指紋押捺に関する部分についてだけは、三次にわたってその施行を延期する法改正がおこなわれている。

かつて、指紋押捺制度の実施にかかわった法務省の担当者は、後日、当時をふりかえって、次のようにつづっている。

「私が、この政令案の起草に当った当時、一般の予想では、外国人の反対運動なしに指紋押捺制度が実施できるとは考えられていなかった。ただ、昭和三〇（一九五五）年という切替えのない時期を選んで、反対運動の機会を彼等に与えずに、これを実施することが私どもの秘策であった。かくすることにより、昭和三一年の大量切替え（最初の登録がいっせいだったため、切替えも一時期に集中）を迎えても、すでに指紋押捺の実績がある以上、いまさら反対運動の口実とはなり得ないであろう、との予測を立てたわけである。以上のように計算したものの、百パーセントの自信があったわけではないし、何とかして法網をくぐろうとする手合いの出現することを考慮に入れ、まったく抜け道のないように立法しなければならなかった」（『外人登録』一九五九年四月号）。

また、警察当局も、「（実施の延期は）いわば当局が当時の活発な在日朝鮮人の激しい抵抗を怖れたからに外ならない」（『外事警察五十講（上）朝鮮篇』武蔵書房、一九五六年）と述べており、当時いかに抵抗が強かったかを知ることができよう。

かくして、三年遅れの一九五五年四月から、いよいよ指紋押捺制度は実施に移されたが、決して順調に進んだわけではない。指紋押捺が実施されて以降は、「押捺拒否」というかたちで、その抵抗はなおもつづくのである。

表Ⅲ－1は、押捺拒否が長く尾を引いたことを示している。なお、全国統計が不充分なため、愛知県統計で補足しておいた。

また、参考までに、「登録証不携帯」、および登録「切替え不申請」の数字も掲げてある。指紋押捺反対運動の微妙な影響が読みとれよう。

一九八〇年以前の拒否は、いずれも、取り調べ段階で結局のところ押捺に応じたようであるが、それでも二件の刑事判決が確認されている。うち一件は、最高裁まで争われている（安商《アンサン》

表Ⅲ-1　在日外国人の外国人登録法違反送致人員（単位：人）

年	指紋不押捺（愛知/全国）	登録証不携帯	切替え不申請
1954*	—	4,879	8,311
55	0/27	4,778	11,777
56*	20/195	4,033	7,018
57	15/254	4,974	8,605
58	4/86	3,438	1,487
59*	2/59	3,140	4,512
1960	6/60	3,017	8,673
61	6/67	2,949	2,004
62*	3/40	3,168	5,085
63	2/43	3,221	7,799
64	2/ ?	?	?
65*	2/ ?	?	?
66	1/31	3,372	6,534
67	2/22	2,914	2,830
68*	0/ ?	2,861	5,851
69	1/ ?	2,567	8,247
1970	0/ ?	2,815	4,915
71*	0/ ?	3,066	6,642
72	?/ ?	2,646	7,833
73	?/ ?	2,998	5,954
74*	?/ ?	2,860	6,733
75	1/ ?	3,225	6,803
76	1/ ?	3,416	3,989
77*	0/ ?	3,588	3,224
78	3/ ?	3,623	3,480
79	2/ ?	3,172	2,048
1980*	1/ ?	3,770	2,226
81	0/ ?	4,165	2,140
82	0/ ?	3,407	1,346
83	2/12	2,507	555
84	0/ 8	2,592	230
85*	9/26	2,016	359
86	4/82	1,708	722
87	2/33	1,388	531
88	0/ 4	708	300
89	0/ 2	207	124

＊は，いわゆる大量切替え年．
？は，統計が合算され，内訳は不明．
出典：警察庁『犯罪統計書』（各年）より作成．指紋不押捺については愛知県警の『犯罪統計書』（各年）も参照．

道《ド》事件、一九五六年一一月下関で拒否、懲役四カ月執行猶予二年の山口地裁下関支部判決。広島高裁、最高裁も原判決を支持)。

しかし、その裁判は、あとになって押したのに刑罰を科すのは不当であるというもので、一九八〇年代のように指紋押捺制度の是非を問うたものではない。また、当時の量刑の重さにも驚く。八〇年代に入ってからはせいぜい罰金刑で、なかにはその罰金に執行猶予がついた珍しい判決も出ている。

指紋押捺制度導入前後、そして表Ⅲ-1にみるごとく、その後もつづいた「押捺拒否」に対して、日本人がいかなる〝反応〟を示したかを知る資料は見あたらない。やはり〝心の溝〟にさえぎられていたのではなかろうか。

しかし、外国人の抵抗は、やがて〝地下水〟となって表にはみえにくくなったかもしれないが、涸れることはなく、いつかは吹き上げるべき〝使命〟を帯びていたといえよう。

それが、一九八〇年代に入ってからの大きな動きとなり、ようやくその〝痛み〟に気づきはじめた日本人の参加によって顕在化したのである。

韓宗碩さんは、したがって正確には指紋押捺拒否第一号ではなく、日本人の目に見えた第一号だったのである。

その後、指紋押捺問題は中国とのあいだにも、大きな影を落としていることが、いろいろ見えてきた。もちろん、それは在日中国人も指紋を拒否したということにとどまらない。

中国見本市での「事件」

指紋押捺が始まった一九五五年の秋、日本では初めての中国見本市が、東京と大阪で開かれ、大きな反響を呼んだ。当時は、日中間に外交関係はなかったが、民間レベルにおける交流が積み重ねられていた。

外国人登録法は、当初、六〇日以上滞在する一四歳以上の外国人に、指紋押捺を義務づけていた。見本市が二カ所で開かれたこともあって、そのスタッフの滞在期間はいずれもこの期限(六〇日)を越えることとなった。しかし、中国側は指紋押捺には応じなかったのである。

法務省の担当者も、「中共(原文ママ)からの入国者については、昭和三〇(一九五五)年秋にも、見本市関係者四五名が、義務があるにもかかわらず、指紋不押捺のまま帰国した、といういきさつがあった」と述べている(『外人登録』一九六三年六月号)。

翌一九五六年の見本市は、「日中民間貿易協定」により、北京および上海において日本商品展覧会が開催され、三〇〇万近い中国人が参観したといわれる。そして五七年は、こんどは名古屋と福岡で、それぞれ中国見本市が開催される手順になっていた。そこで、中国側スタッフの入国問題がふたたび持ち上がったのである。

法務省は、「滞在は六〇日以内に限る。それ以上に及ぶならば指紋を押捺しなければ入国を認めない」との条件をだした。指紋押捺問題は、名古屋と福岡での中国見本市の開催のみならず、一九五七年五月に予定されていた第四次日中民間貿易協定の締結にも支障をきたすこととなる。

一九五七年八月七日の『人民日報』の評論員論文は、「日本政府が、中国の貿易代表部およびその関係者から指紋をとることを要求することは、中国に対する侮辱であり、同時に現実には中日貿易の発展を妨げるものである」(田中訳)と指摘した。ついに、貿易協定も期限切れとなり、見本市の開催も不可能となった。

結局、日本側が法改正をすることで事態を打開することとなり、一九五八年一月、「滞在一年未満の外国人には指紋押捺を免除する」との外国人登録法改正案が国会に上程された。二月二六日にはこの改正法が公布され、それを待つようにして三月五日、懸案の第四次日中民間貿易協定が、やっと調印にこぎつけたのである。

「満洲」指紋の発掘

指紋押捺を拒否した在日中国人徐翠珍《シュツイチェン》さんは、一九八七年三月、大阪地方裁判所における意見陳述書のなかで、こう述べている。「私は日本国に問わざるをえません。偽『満洲』で中国人たちが銃剣のもとに持たされた(これも常時携帯です)指紋付きの居住証と、今私たちに強要している指紋、あるいは外国人登録証と、いったいどこが違うというのでしょうか」と。

歴史的な起源はものごとの本質を語ってくれる、という。私は、友人たちと一九八七年夏、中国東北地方（旧満洲）にかつての指紋押捺に関する現地調査に出かけた。そして中国の研究者から報告を受けたり、関係資料を閲覧するだけでなく、各地で指紋押捺を体験した人びとからも話を聞くことができた。

撫順《フーシュン》炭鉱の歴史に詳しい研究者によれば、日本当局が指紋採取を始めたのは、一九二四年のことである。「満鉄」（南満洲鉄道㈱）が、撫順炭鉱の労働者を管理するためだったという。「満洲国」の建国は三二年三月であるから、それよりかなり前に始まったことになる。

「満鉄」傘下には各種の企業があり、指紋押捺はしだいに拡大していったようだ。一九二六年一〇月におきた満蒙毛織会社の労働争議では、「三〇銭の賃上げ」とならんで、「指紋を絶対に押印せしめざること」が要求項目に掲げられている（『南満洲に於《お》ける労働争議録（昭和二年度）』南満洲鉄道、一九二八年）。

私たちは、朝鮮国境に近い延辺朝鮮族自治州も訪れたが、この地区は、かつて朝鮮の独立をめざす勢力と中国の抗日勢力との結節点であり、日本にとってはアキレス腱的な存在であった。

日本は、ベトナム戦争でアメリカがとった「戦略村」に似た「集団部落」といわれる政策を進めた。一〇〇戸を標準として設置し、その周囲は土塀などで囲み、農民は出入りをきびしくチェックされた。その際は、指紋付きの居住証が威力を発揮したという。労働者から始まった指紋押捺は、やがて農民におよび、最終段階では「満洲」の全国民におよんだようだ。延吉市(延辺自治州の州都)の歴史博物館には、写真欄の下に指紋の押してある「国民手帳」の実物が陳列してあった。

私たちが、調査の目的を告げ、日本の「外国人登録証」を見せると、「日本には今でもこんなものがあるんですか、〃過去の亡霊〃を見るようです」と指紋押捺体験者からいわれた。なお、指紋調査団はのちに、訪中報告書『抗日こそ誇り』(一九八八年)をまとめた。

アメとムチの法改正

日本政府は、指紋押捺拒否者の〃心の声〃に耳をかそうとはせず、ひたすら強圧的態度をとろうとした。一九八二年秋には、早くも指紋押捺拒否者には刑事罰だけでなく「再入国許可」も与えない、という〃過剰制裁〃を加えた。

母危篤の知らせで一時帰国しようとしたフランス人のルイ神父は、指紋押捺拒否を理由に再入国許可が得られず、お葬式にも参列できなかった(『寄留の他国人として』中央出版社、一九八八年参照)。また、NHKの当時の「青年の主張」で入賞した在日朝鮮人の高校生も、指紋押捺拒否を理由に、再入国許可が得られず、賞としてのカナダ旅行には行けなかった。

指紋押捺拒否は市区町村の窓口でなされ、その後、所轄の警察に「告発」され、それから刑事裁判に進むのである。

一九八五年二月、伊藤三郎川崎市長は、その告発を留保する方針を発表した。法務省が不快感を示したことは、いうまでもない。

しかし大量切替え年にあたる一九八五年五月には、ある種の手直し策が打ち出された。すなわち、指紋を押すときの「黒インク」は「無色の薬液」に、「回転指紋」は「平面指紋」に、それぞれ変更された。その一方で、指紋押捺拒否者への外国人登録証の交付を保留することや、外国人登録済証明書(住民票にあたる)に「指紋不押捺」と記入することなど、とんでもない指示も出された。

だが、こうした〝策〟を前にしても、ついに一万を超える人たちが指紋押捺を拒否ないし留保するにいたった。一九八六年夏には法改正がうわさされるようになり、アジア競技大会の開会式に出席した中曽根首相は、九月にソウルで「指紋は一回限り」とし、「永住者の登録証はカード化」する、そのための法案を次期通常国会に提出したい、と発表した。その訪韓は、皇太子の訪韓延期、それにつづく植民地支配を正当化する「藤尾文相発言」のあとにおこなわれたのである。

一九八七年九月の法改正(施行は一九八八年六月一日)では、「指紋は一回限り」とはなったが、指紋押捺拒否者には登録証の切替え期間を「五年」から「二年」に短縮して、不押捺罪の加重をはかり、指紋押捺への圧力はより大きくなった。何が何でも指紋はとるぞ、との強権発動をそれは意味する。「指紋一回制」のもとでは、もはや定期的な指紋照合によって、同一人物であることを確認することは不可能となったことはいうまでもない。

なお、この法改正時に登録証の切替え日が「誕生日」に変わった。

法務省はかつて、こう説明していた。

「外国人の同一人性の維持を担保するためには、ある期間を置いて二度、三度と（指紋を）押させなければ意味がなく、もし、一度だけ押させることにすれば、登録における指紋制度はその意義をまったく失い、外国人に対するいやがらせ以外の何ものでもなくなってしまう」（『外人登録』一九八〇年一二月号）。

結局、従来のものは、外国人登録法を利用して、外国人の指紋を採取する指紋収集制度に変質したといえよう。

また、常時携帯義務のある外国人登録証に指紋をわざわざ〝転写〟することにした（各市区町村の窓口に「指紋転写器」を設置）。この転写には、本人の同意など必要ないという。

この間の改正を通しても、外国人指紋押捺制度は本質的には、何ら変わらなかった。日本政府は、在日外国人がなぜ指紋押捺を拒否してきたかが、まったく見えていないのである。

当時の法務省の調査によると、外国人一般に指紋押捺義務を課していた国（地域）が二五（日本を除く）あったという（表Ⅲ－2）。しかし、そのうち、アメリカ以外は、いずれも自国民にも押

表Ⅲ-2　外国人一般に対して，指紋の押捺義務を課している国(地域)

地域	国		国	
アジア(8)	日本	●▲	タイ	○△
	韓国	○▲	インドネシア	○▲
	香港	○▲	マレーシア	○△
	フィリピン	○△	シンガポール	○△
中南米(15)	アルゼンチン	○△	コスタリカ	○△
	チリ	○△	ブラジル	○△
	コロンビア	○△	ペルー	○△
	メキシコ	○△	ニカラグア	○△
	ホンジュラス	○△	エクアドル	○△
	ベネズエラ	○△	ウルグアイ	○△
	パラグアイ	○△	ドミニカ	○△
			ボリビア	○△
北米(1)	アメリカ	●△		
欧州(2)	スペイン	○▲	ポルトガル	○▲

○—自国民にも押させる国　　△—生地主義の国
●—外国人だけに押させる国　▲—血統主義の国
出典：『新版外国人登録事務必携』日本加除出版，1988年より作成．

捺義務を課している（韓国は、そのひとつ）。しかも、そのアメリカは、国籍法が生地主義であるため、「二世」はもはや「外国人」ではなく、したがって指紋はとられない。

日本のように、自国民には押捺義務はなく、指紋をとられる外国人は子々孫々にわたってそれがつづく国はなく、日本の〝特異性〟が浮かびあがってくる。

若き日の弁護士ガンジーが、南アフリカで立ち上がったのは、指紋付きの身分証明書を返上する闘いにおいてであった。一九八二年のアカデミー賞をほとんど独占した映画『ガンジー』には、二〇世紀初め、南アフリカで導入された指紋登録に反対するため、身分証明書をつぎつぎと焼くシーンが出てくる。そして、外国人登録証が燃える映像から始まるドキュメント映画『指紋押捺拒否』（呉徳洙《オドクス》監督、五〇分）が完成したのは、一九八四年一二月のことであり（八七年七月には『同パート2』も）、大きな反響を呼んだ。

恩赦、訪韓、そして廃止へ

〝手直し〟をしたものの、事態はいっこうに好転しない。そんなとき、一九八九年一月、昭和天皇の死が伝えられた。日本政府は、これを機に「恩赦」をおこない、そのなかに「指紋不押捺罪」と「登録証不携帯罪」をも含めたのである。

その結果、当時公判中だった三四人（一人は不携帯罪）はすべて「免訴」となり、それまでの違憲を争う手段を奪われた。

裁判官も、機械的に「免訴」判決を言い渡すしかなかった。大阪地方裁判所の判決は、「大赦を理由に免訴判決を受けることを拒否しようとする被告人の心情については、法律論を別とすれば、十分に理解しうる」（金一文《キムイルムン》事件、一九八九年三月一九日判決）と述べた。

結局、盧泰愚《ノテウ》韓国大統領の訪日を目前にした一九九〇年四月、日韓外相会談において、ついに指紋押捺廃止が発表された。そして、九一年一月の海部俊樹首相訪韓時に調印された「日韓覚書」によって、二年以内の廃止が確定した。

指紋押捺拒否者のもとには、おびただしい「脅迫状」が届いたり、いやがらせ電話がかかった（『指紋押捺拒否者への「脅迫状」を読む』明石書店、一九八五年参照）。また、在日朝鮮人がもっとも多く住む大阪の府警・外事課長は、一九八五年五月、テレビのニュースで「〔指紋が〕いやなら本国に帰るか、〔日本に〕帰化すればいい」と放言した。指紋押捺制度を支えているこうした〝根っこ〟を、変えることこそが求められているのである。

職務ゆえ　許せとわれの手をとりて　外人登録に指紋押さす　朴玉山
（『朝日新聞』朝日歌壇、一九七七年一二月一八日）

在日朝鮮人にとってこうした光景がなくなるまでに、四〇年近くを要したことになる。

指紋押捺制度は、なくなったのか

「日韓覚書」に盛られた指紋押捺廃止は、一九九二年六月の外国人登録法の改正（一九九三年一月八日施行）によって具体化された。すなわち、永住者および特別永住者については、指紋押捺制度を廃止した（それ以外の外国人については、従来通り存続）。

そして指紋に代わる新たな同一人性確認の手段として、「署名」および「家族事項」の登録を新たに採用した。署名は登録原票（市区町村保管）および署名原紙（法務省保管）におこない、本人が所持する登録証明書には、それが転写される。また、登録される家族事項とは、日本にいる父母および配偶者の氏名、生年月日、国籍、そして世帯主にあっては、さらにその構成員の氏名、生年月日、国籍および続柄、とされている。

なお、改正法によって登録証明書はキャッシュ・カードと同じサイズとなり、より小型化された。

指紋押捺制度の廃止は、永住者と特別永住者に限られたが、すでに見てきたように全体に占めるオールド・カマーの比率は、どんどん下がっており、したがって逆に指紋をとられる外国人がだんだん増加していることを意味した。法改正の国会審議においても、一般外国人の指紋押捺については五年をめどに検討するようにとの附帯決議がなされた。

一九九九年八月の外国人登録法改正によって、一般外国人についても指紋押捺が廃止され、それが施行された二〇〇〇年四月、ようやくその歴史は幕を閉じた。

指紋押捺の開始は一九五五年であるから、四五年の歴史を刻んだことになるが、韓宗碩さんが指紋を拒否した一九八〇年から数えると二〇年の闘いの結果といえよう。

空港での指紋押捺が復活

しかし、二〇〇一年の「九・一一」事件(アメリカにおける同時多発テロ)以降、テロ対策の一つとして、二〇〇六年五月、入管法が改正され(二〇〇七年一一月施行)、再び指紋押捺が〝登場〟した。

従前の指紋押捺は、一年以上滞在する外国人について、市区町村の窓口で「左手ひとさし指」の指紋押捺であった。しかし、今回のものは、入国時に空港などで求められるので、観光客なども含まれ、膨大《ぼうだい》な数の外国人が採取を求められる。しかも「左右ひとさし指」および「顔写真」を生体情報として採取されるのである。

さらに、新規入国時だけでなく、再入国時も求められるので、留学生などが夏休みで一時帰国し、日本に戻るときにも同じように採取される。なお、「特別永住者」については、免除される措置がとられた。

前に見たように、指紋を廃止するときは、まず「特別永住者」および「永住者」について廃止し、次に一般外国人について廃止した。一般外国人は、定期的に入管において在留審査を受けて在留している外国人であるのに対し、前者はこうした審査を受けることなく永住しているので、大きく異なっている。空港において採取する外国人について免除を導入する際に、かつてと同じように「特別永住者」だけでなく「永住者」についても免除すべきことに合理性があるといえよう。

なお、テロ対策とはいえ、日本人については、こうした採取はおこなわれていない。

この章でみてきたように、指紋押捺拒否は、外国人だから特別扱いするのは当たり前、という考え方に一定の警鐘を鳴らしたといえよう。また、法の下の平等の原則にのっとり、原則は平等、合理性がある場合にだけ例外的な扱いが許される、という原理を確立するうえでも、示唆に富むものだったといえよう。

Ⅳ　援護から除かれた戦争犠牲者

障害年金請求書を提出した石成基さん（中央，左端が金敬得弁護士，右端が田中，提供：在日の戦後補償を求める会）

「湾岸戦争」のさなかの一九九一年一月末、ひとりの在日韓国人が、神奈川県庁で「〔戦傷〕障害年金請求書」を提出、私は「在日の戦後補償を求める会」の世話人のひとりとして、その記者会見に立ち会った（本章扉写真参照）。川崎市に住む

石成基さんの四〇年

石成基《ソクソンギ》さん（一九二二年生）で、車椅子に乗り、ガウンを身につけている。六年前の脳血栓のため入院生活を送る身で、病院から直接やってきたのだ。病気のため少し不自由な言葉でのこんな発言が、とくに私の心に残っている。

「いまの厚生大臣はいい人ですか。いい人だったらいいんですが。株でもうけることに熱心な政治家も多いようですから」

「日本政府は、自衛隊機の派遣を〝人道上の問題〟と言っていますが、四〇年以上も放置されている私たちの戦後補償は、人道問題ではないのですか」

応対に出た県の援護課の人も、いささか答えに苦慮していた。

石さんの戦傷は、もちろん、かつての「大東亜戦争」で負ったものだ。一九四二年七月、朝鮮で海軍に徴用され、四四年五月、マーシャル諸島・ウォッチェ島に日本軍の陣地を構築中、

アメリカ軍機の機銃掃射を受けて負傷、右手を失った。そして四五年一〇月、氷川丸で日本に帰還して、その後、横須賀の海軍病院に入院した。

石さんは徴用前にすでに結婚しており、長女も出生していた。戦後、妻子が来日し、川崎で廃品回収などで生計をたてたという。

大島渚監督の名作『忘れられた皇軍』が放映されたのは、一九六三年のことであるが(八月一六日、日本テレビ系列「ノンフィクション劇場」。シナリオは大島渚『日本の夜と霧』現代思潮社、一九七六年所収)、そこに登場する「元日本軍在日韓国人傷痍《しょうい》軍人会」の会長は、ほかでもない若き日の石成基さんである。あれからひと世代がたつが、石さんの状況はそのままで、いく度となく総理官邸、外務省、厚生省などに足を運んだが、まったくかえりみられなかった。

一九七一年四月には首相官邸に直訴し、逮捕されたが、すぐに釈放されたこともある(『毎日新聞』一九七一年四月二七日)。「いまの厚生大臣は……」という言葉には、そのことが託されていたのであろう。

石さんの提出した「請求書」には、金額として総額約一億三三〇〇万円が掲げられているが、それは次のように計算されている。石さんと同じ程度の戦傷障害(第三項症)をもつ日本人が当時支給されている金額(年金・加給金の合計約三五〇万円)に、過去の三八年を単純に掛けることによって得た数字で、試算のもとになったのは、戦傷病者戦没者遺族等援護法(一九五二年、以下、遺族援護法)である。

その後、この法律による年々の年金額の変更を折り込んで正式に計算してもらったところ、一九五二年の法制定から九四年三月までの累計は、五七七〇万円余で、それに「扶養加給額」および「妻に対する特別給付金」を加算すると、総額は六一四八万七九五〇円となった。この金額を、日本人は手にしたこととなる。


国家がみずからの権限と責任において開始した戦争によって、多くの人びとを死にいたらしめ、障害を負わせ、不安な生活に追いやったのである。その戦後補償をどうするかは、戦後日本がかかえた大きな課題のひとつであった。

軍人恩給の廃止

戦後、GHQの占領当局が打ち出したさまざまな改革のひとつに、「軍人恩給の廃止」がある。一九四五年一一月のGHQの覚書によって指示されるが、その際の総司令部渉外局発表は、「現在の惨憺《さんたん》たる窮境《きゅうきょう》をもたらした最大の責任〔者〕たる軍国主義者が他の犠牲において極めて特権的な取扱いを受けるが如き制度は廃止されなければならない」と述べている。

また、GHQ経済科学部長クレーマー大佐も、こう指摘している。

「誤解のないようにここに力説するが、予は老人、寡婦、孤児から生活の資を奪うといっているのではない。ただ、軍人であったから、あるいは、軍人の遺族であるがために一般国民中困窮している人達と〔比べて〕差別的に優遇されるという制度を排除するだけのことである」(厚生省援護局『引揚げと援護三十年の歩み』ぎょうせい、一九七八年）。

そして、一九四六年二月、日本政府の〝抵抗〟もむなしく、「軍人恩給」は廃止され（勅令六八）、また、「軍人および軍属に交付せられたる賜金国庫債券を無効とすることに関する件」（勅令一一二）が公布されるが、いずれも同じ趣旨の措置である。

さらに、傷病兵に関する「軍事扶助法」（一九三七年、法二〇）、および戦災被害者に関する「戦時災害保護法」（一九四二年、法七一）も廃止となるが、それは、旧生活保護法（一九四六年、法一七）の制定によってなされている（この旧法は現在の法と違って、「すべての者」となっていて、国籍による差別はなかった）。

すなわち、社会保障制度一般のなかに〝解消〟させることによって〝非軍国主義化〟がはかられたのである（一〇九ページの図Ⅳ－1の、中ほどの右はしの囲み部分に注意）。

誰のための援護法か

しかし、一九五二年四月、平和条約の発効により日本が主権を回復するのを待っていたかのようにして、遺族援護法が制定され、翌五三年には軍人恩給の「復活」もはかられ、以降かずかずの戦争犠牲者援護の法律が生まれ、今日にいたっている。

その一覧を図Ⅳ－1として掲げておく。

これら一連の法律の適用は、「日本国民」に限られており、石さんたちのような旧植民地出身者も、すべて除外されている(Ⅱ章で述べたとおり、⑮と⑯の被爆者二法だけは、珍しく日本国民と外国人が平等)。また戦争犠牲者援護は、軍人、軍属、準軍属(国家総動員法による被徴用者、動員学徒など)など「国と使用関係のあった者」か、または未帰還者、在外財産を失ったであろう引揚者など〝外地〟にあったものに限られており、空襲による被害者など〝内地〟にあった者は、その対象とはなっていない。

石さんたちが除かれているのは、「国籍」の故といわれるが、これまた、「指紋押捺」同様に平和条約発効をその「起点」としている。

なお、法律番号を見てみると、指紋に関する外国人登録法は一九五二年の「法一二五」、旧植民地出身者の「在留資格」、「在留期間」の暫定措置を定めた法律は「法一二六」(ともに四月二八日公布施行)、そして遺族援護法は「法一二七」(四月三〇日公布・施行、適用は四月一日にさかのぼる)となっている。

遺族援護法の目的は、「国家補償の精神に基き、軍人軍属等であった者又はこれらの者の遺族を援護する」(第一条)とうたわれている。

一連の法律の対象は、⑴戦傷病者・戦没者、⑵未帰還者、⑶引揚者、⑷被爆者の四つに大別され、軍人、軍属、準軍属、およびその遺族・家族などである。法律名を二、三ひろってみると、戦没者等の妻④、戦没者等の遺族(兄弟姉妹など、⑥)、戦傷病者等の妻⑦、戦没者の父

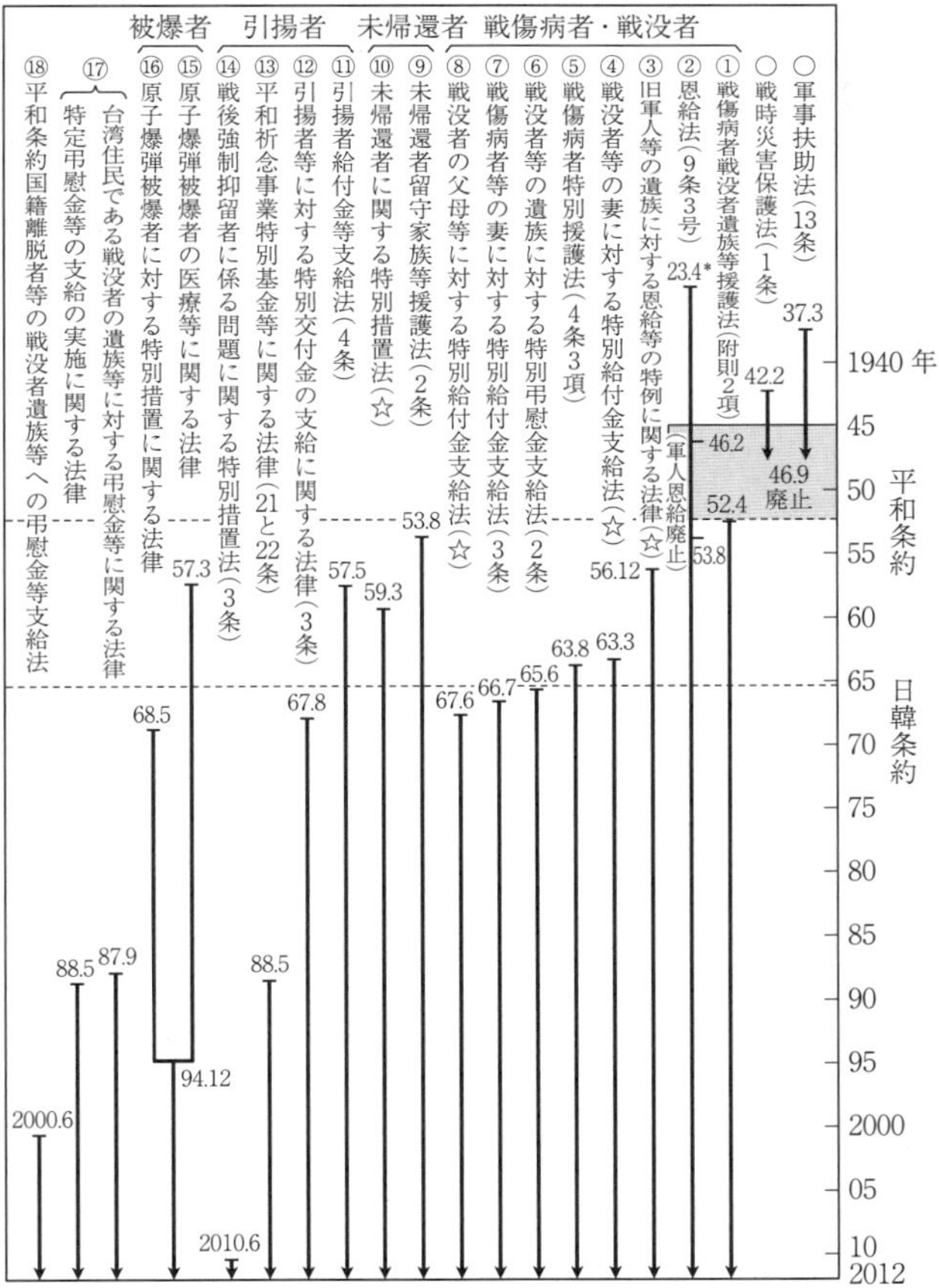

＊23.4は，1923年4月の意．以下同じ．
（ ）内は国籍条項を定めた条文を示す．☆印は直接定めた条文はないが，他法の援用の関係から国籍要件がある．⑮，⑯は日本国民と外国人が平等．

図Ⅳ-1　戦争犠牲者援護立法の推移

母等⑧となららんでおり、いかに〝きめ細かい〟施策がなされているかを示している。

なお、「戦犯受刑者」については、当初、除外されていたが、一九五三年改正で認められ〝復権〟した。また、「準軍属」は一九五八年五月の遺族援護法改正から新設されたもので、当初、障害年金などが軍人・軍属の「半額」とされたが、徐々に改善され、七三年七月改正で「同額」となっている。

さらに、一九六五年六月からは「戦傷病者相談員」(九四〇〇人)の制度が、そして七〇年七月からは「戦没者遺族相談員」(一四〇〇〇人)の制度も設けられ、それぞれ厚生大臣から業務委託を受けて活動している。

さて、日本は戦争犠牲者援護のために、年間どれくらいの予算を使っていたのだろうか。当時調べたものだが、一九九一年度の国の一般会計の決算額は約七一兆円であり、そのうち二兆円弱がこれに当てられたのである(表Ⅳ-1参照)。そのなかで、日本国民と外国人が平等(内外人平等)となっているのは、被爆者を対象とした約一三〇〇億円(二兆円の六・五%)だけということになる。

戦没者の慰霊と叙勲

先ほどの図Ⅳ-1をみると、「高度成長期」にあたる一九六〇年代に、追加的措置を含めさまざまな法律制定が集中していることがわかる。しかし、それはたんに法律の制定だけではなく、別の面からも見ておかなければならない。

表Ⅳ-1　日本の戦争犠牲者援護の予算(単位：100万円)

	1991年度決　算	内　容
50 旧軍人遺族恩給	1,574,841	旧軍人遺族等恩給の費用 1993年度受給人員約178万人
52 戦没者遺族年金等	216,782	戦没者の遺族年金等，弔慰金・特別給付金の国債の償還の費用 1993年度受給人員約7万人，弔慰金受給者のべ208万人
53 戦傷病者医療等	5,028	戦傷病者特別援護の費用(無賃乗車船負担金を含む) 1993年度末,「手帳」交付者約11.5万人
54 原爆医療等	128,097	原爆障害者対策の費用(原爆障害者保健施設の運用整備を含む) 1993年度末,「手帳」交付者約34万人
55 その他戦争犠牲者援護	1,743	引揚者援護の費用(引揚者給付金の国債の償還を含む)，旧外地官署引揚職員等の給与の費用 引揚者数約349万人
合　計	1,926,491	

項目の頭の数字は，社会保障関係総費用の小項目に付された通し番号.
出典：総理府社会保障制度審議会事務局『社会保障統計年報』(1993年)を中心とし，『厚生白書』(1994年)および前掲の『引揚げと援護30年の歩み』で補足し作成.

序章で紹介した、千円札の「伊藤博文」登場は、一九六三年一一月のことであった。同じ年の八月一五日には、政府主催の「全国戦没者追悼式」(天皇・皇后出席)が日比谷公会堂で開かれ、以降、毎年の恒例行事となっている。翌六四年も前年同様、日比谷公会堂でおこなうと閣議決定されたが、急遽《きゅうきょ》「靖国神社境内」に変更されたという経緯もある。そして憲法との関係で議論を呼んだため、六五年以降は現在の日本武道館になった。

一九六四年四月二九日(旧天皇誕生日。現在の昭和の日)には戦後初の「戦没者叙勲」がおこなわれ、以降は恒例化して、八九年三月末までに約二〇五万名の戦没者に対して「叙位叙勲」がなされた。

なお、林房雄「大東亜戦争肯定論」が『中央公論』に連載されたのは、一九六三年九月号から六五年六月号であった。また、東京オリンピックがおこなわれたのは六四年秋だった。

戦没者叙勲の再開にあたって、時の池田勇人首相は、次のような談話を発表している。「戦没者に対する叙勲は、今次の戦争において、祖国のために尊い生命を捧げた方々に対して、国として感謝の誠を捧げ、その生前の功績を顕彰する趣旨のものであり……」と。

日本遺族会の会報『日本遺族通信』(月刊)が掲げる題字下の目的に、大きな変化があらわれるのも、このころである。一九四九年二月の創刊号(当時『日本遺族厚生連盟会報』)の題字下には、「本連盟は遺族の相互扶助、慰藉《いしゃ》救済の道を開き、道義の昂揚《こうよう》、品性の涵養《かんよう》に努め、平和日本建設に邁進すると共に、戦争の防止、ひいては世界恒久平和の確立を期し以て全人類の福祉に貢献することを目的とする」とあった。しかし、一九六四年五月(第一六一号)から、まず冒頭に「英霊の顕彰」が登場し、一方、傍点部分は削除されたのである(詳しくは、田中伸尚「遺族の半世紀」『遺族と戦後』岩波新書、一九九五年参照)。

国籍を理由とする排除にも通ずる〝内むき〟、ないし〝一国主義〟宣言といえよう。

各種の援護立法の制定、戦没者の慰霊、そして戦没者の叙位叙勲の再開などと並んで、海外における遺骨収集が、一九五三年からの三次にわたる計画収集も含め、精力的に進められている（二〇一二年度までに海外戦没者約二四〇万のうち約一二七万の遺骨を収集）。

そして、一九七一年七月には、厚生省が「海外慰霊碑建設要領」を策定し、以降、各地に慰霊碑が建立され、すでに二七基に達している。太平洋戦域についてみると、中部（サイパン）、南（パプア・ニューギニア）、東（マーシャル諸島）、西（パラオ）、北（アリューシャン列島）、またロシア連邦にも一〇基の小規模慰霊碑がそれぞれに建立されている（建立順）。また、一九七六年からは、遺族を対象とする「戦跡慰霊巡拝」も毎年おこなわれている。

戦後三〇年にして、かつての戦争における犠牲者、被害者に関する日本政府の〝物心〟両面にわたる施策はほぼ出そろったといえる。

図Ⅳ‐１の注には〝国籍による排除〟について、「国籍条項」と「国籍要件」を使っている。法律上、明文で国籍による排除を定めたものは「国籍条項」とし、明文規定はないが運用上、外国人を排除するものは「国籍要件」とした（一七〇ページ）。

重要視される「国籍」

ところで、石さんたち旧植民地出身者はどうなっているのだろうか。石さんが排除された遺族援護法（図Ⅳ‐１の①）については、いささかこみ入った説明が必要である。

図Ⅳ－1では、この法律の「国籍による排除」は「附則第二項」にある、となっている。じつは、このほか第一一条、第一四条、そして第三一条に、それぞれ「日本の国籍を失ったもの〔とき〕」は、障害年金や遺族年金などを受ける「権利が消滅する」、との規定がある。

そのうえ、附則第二項に、「〔日本の〕戸籍法の適用を受けない者については、当分の間、この法律を適用しない」とある。「戸籍法の適用を受けない者」が朝鮮人、台湾人を指していることは、Ⅱ章に見たとおりである。また、「当分の間」というのは、旧植民地出身者の参政権の停止や、外国人登録令の適用に際しても、ついていた。

遺族援護法の公布・施行は一九五二年「四月三〇日」、その適用は「四月一日」にさかのぼった。そして、旧植民地出身者が日本国籍を喪失したとされるのは、そのあいだに位置する「四月二八日」である。

したがって、法律が適用された四月一日は、まだ石さんたちは日本国籍を保有しており、「日本国籍を失ったもの〔とき〕」という規定では排除できないので、附則に「戸籍法の適用を受けない者」を設けて排除したのである。なお、②〜⑭の法律には「戸籍法……」という規定は見あたらない。

ところで厚生省は、一九六二年、大阪府からの照会に対して、「〔帰化により〕日本国籍を取得し、戸籍法の適用を受けることとなった朝鮮出身者、台湾出身者等については、戸籍法の適用を受けることとなったとき（帰化許可の日）から、遺族援護法の適用があるものと解する」（一九六二年九月二二日、援護第二二九号、各都道府県民生部長宛て、厚生省援護局援護課長の通知）と回答している。

そして、こうした行政見解により、さきに紹介した『忘れられた皇軍』に登場する一七人のうち一五人は、その後「帰化」により遺族援護法の適用を受けている（金在昌氏インタビュー、『世界』一九九〇年八月号参照）。

「日韓請求権協定」がもたらしたもの

遺族援護法が、帰化すれば適用されたことは前に述べたとおりであるが、「財産及び請求権に関する問題の解決並びに経済協力に関する日本国と大韓民国との間の協定」（一九六五年、以下、日韓請求権協定）が結ばれると、それもできなくなってしまった。

それに関して、厚生省は次のようにいっている。

「もとの朝鮮出身者等については、昭和三七（一九六二）年九月二二日援護第二二九号通知（前引）により、日本に帰化した場合にかぎって、法を適用する取扱いとされていたところであるが、昭和四〇（一九六五）年六月二二日に署名された日韓請求権協定の趣旨からは、同日以後韓国籍の者が日本に帰化しても法の適用を受けることはできない。なお、台湾出身者については従前の通り」（一九六六年一一月三〇日、援護第四八四号、各都道府県民生主管部〈局〉長宛て、厚生省援護局援護課長の通達）。

要するに、日韓の国交が正常化したから、「帰化」してもダメだというのである（もっとも、「韓国籍」についてしか言及していないので、「朝鮮籍」の者は従来のままか?）。この「日韓請求権協定」を理由とする〝変更〟は、はたして適切なのだろうか。そこにも、大きな問題がある。

たしかに、日韓請求権協定の第二条第一項には、「両締約国は、両締約国及びその国民（法人を含む。）の財産及び権利、利益並びに両締約国及びその国民の間の請求権に関する問題が、（中略）完全かつ最終的に解決されたこととなることを確認する」とある。

しかし、すぐ次の同第二項には、「この条の規定は、次のもの（中略）に影響を及ぼすものではない。(a)一方の締約国の国民で一九四七年八月一五日からこの協定の署名の日（一九六五年六月二二日）までの間に他方の締約国に居住したことがあるものの財産、権利及び利益」とある。すなわち、在日韓国人に「影響を及ぼすものではない」のである。なお、一九四七年八月一五日は、特別に意味のある日ではないようで、このころまでには韓国への帰還がほぼ落ち着いたからである。

韓国は、その後、対日民間請求権申告法（一九七一年）と対日民間請求権補償法（一九七四年）を制定し、日本から受けとった〝無償三億ドル〟のごく一部を使って、その補償を実施している（人命はひとりにつき三〇万ウォン＝当時約一九万円、として約八五〇〇人に、ほかに財産七万五〇〇〇件、総額九一億八〇〇〇万ウォン＝当時約五八億円を支払っている）。

その申告法第二条は、申告対象について、「一九四七年八月一五日から一九六五年六月二二日まで、日本に居住したことがある者を除外した大韓民国国民」と定めており、日韓請求権協定第二条第二項(a)を受けた規定となっている。

結局、「在日」は、〝日本〟からも〝韓国〟からも排除された〝谷間の存在〟になっており、とうてい「完全かつ最終的に解決」(日韓請求権協定第二条)などとは言えないのである。

この点、あとに述べる石さんと陳さんの行政訴訟のなかで、韓国外務部(現在の外交通商部)は日本の弁護士に、「在日韓国人戦傷者は日本政府に対し、援護補償を請求することができるものと判断する」との回答(一九九四年一月二六日付)を寄せ、それが東京地方裁判所に書証として提出された。

従来の「帰化」すれば遺族援護法や恩給法を適用するとしてきた措置を、日韓請求権協定が成立したことによって、「変更」すべき理由は見あたらない。逆に同協定では「在日」には「影響」を及ぼさないとされているのに、まさに「影響」が及んだことになろう。

「外国人」の戦犯

ところで、平和条約を起点とするこの問題に関連して、どうしてもみておかねばならないことがある。表Ⅳ-2の、旧厚生省が一九九〇年九月に作成したものによると、朝鮮人および台湾人は、軍人・軍属だけでも約四五万人がかり出され、うち約五万余が戦死している。

植民地出身者の戦場における特徴的な仕事のひとつは、「俘虜《ふりょ》監視員」であったといわれる。直接銃を持たせることへの不安が日本側にあったかもしれない。

戦争が終わると、A級戦犯が裁かれた東京裁判のほかに、各地で日本の戦争犯罪を裁く「BC級戦犯裁判」がおこなわれた。俘虜監視員は、一転して俘虜という「生き証人」によって、戦犯に指名される度合いが高い立場に立たされた。

戦犯として裁かれた朝鮮人、台湾人も多い(朝鮮人一四八人、うち死刑二三人。台湾人一七三人、うち死刑二一人。内海愛子『朝鮮人BC級戦犯の記録』勁草書房、一九八二年参照)。

表Ⅳ-2　旧植民地出身の軍人・軍属
(単位：人)

	復員兵	戦没者	合　計
台湾	176,877	30,306	207,183
朝鮮	220,159	22,182	242,341
合計	397,036	52,488	449,524

出典：厚生省援護局業務一課調べ(1990年9月)より作成.

平和条約が発効するとき、スガモ・プリズン(現在の東京・池袋のサンシャインシティのところにあった戦犯専用の刑務所)には、九二七人の戦犯が拘禁されていたが、そのなかには二九人の朝鮮人と一人の台湾人が含まれていた。

戦犯の刑の執行は、平和条約発効後は日本政府に引きつがれるが、それについて同条約第一一条は、「日本国は、〔中略〕連合国戦争犯罪法廷の裁判〔英文はjudgments〕を受諾し、且《か》つ、日本国で拘禁されている日本国民〔英文はJapanese nationals〕にこれらの法廷が課した刑を執行するものとする」と定めていた。

そこで、これらの旧植民地出身者は、一九五二年六月、「平和条約発効と同時に日本国籍を喪失したので、条約第一一条にいう〝日本国民〟には該当せず、拘束をうけるべき法律上の根拠はない」として、人身保護法による釈放請求裁判を東京地方裁判所に提起した。そして、事件は、いきなり最高裁判所に送られた。人身保護法には、最高裁はそうすることができるとの珍しい規定があるからだ(同法第二二条)。審理は最高裁大法廷ですすめられ、裁判長席には田中耕太郎長官がついた。

一九五二年七月九日、最高裁大法廷には、三〇人の請求人がそろい、朝鮮人戦犯を代表して洪起聖《ホンギソン》、高在潤《コジェユン》、金鏞《キムヨン》の三人が立ち、おかれている境遇について述べたという。

「今、自分達がそれがために一命を賭した日本国自身の手によって拘禁されている。その胸中、悲痛に満たされ、忍びえざる義憤と不合理を感ずるのは理由なきことでありましょうか」(前掲『朝鮮人ＢＣ級戦犯の記録』)。

同年七月三〇日、最高裁大法廷は全員一致で、請求は認められない、との判決を下した。その判決要旨は、「戦犯者として刑が科せられた当時日本国民であり、かつ、その後引き続き平和条約発効の直前まで日本国民として拘禁されていた者に対しては、日本国は平和条約第一一条により刑の執行の義務を負い、平和条約発効後における国籍の喪失または変更は、右義務に影響を及ぼさない」と述べている（『最高裁判所判例集』六巻七号、一九五二年）。

この最高裁判決と、図Ⅳ－1の現実とを合わせて考えると、「罪はかぶりなさい、しかし補償は知りません」ということになろう。また、「国籍」に即していえば、一方は「国籍を喪失しても、罪は残る」ということだし、他方は「国籍を喪失したので、補償はない」ということになる。しかも、それが今日までまかりとおっているのが、日本なのである。

問われる「国籍喪失」

いったいどう考え、どうすべきなのだろうか。日本人の戦争犠牲者については、空襲被害者を除外しているなど問題はあるが、かなり手厚い援護政策がすすめられていることは、前に見たとおりである。少なくとも、それと同等の援護政策を石成基さんたちにも適用すべきことは至極当然で、「国籍」がそれと関連してくる余地は、本来はないはずである。

日本の外務省の調査結果「負傷または戦死した外国人に対する欧米各国の措置概要」（一九八二年六月）によっても、調査対象のアメリカ、イギリス、フランス、イタリア、西ドイツの五カ国は、いずれも外国人元兵士などに対し、自国民とほぼ同様の一時金または年金を支給している。

アメリカ、カナダにおける戦時中の日系人強制収容問題の解決にしても、補償金に関する問い合わせや申請受付のため、担当係官を日本に派遣したのは、一九八九年のことである（カナダ駐日大使館は、日本のホテル九カ所での説明会の広告を日本の新聞に掲載）。

「その時」の当事者でさえあれば、その後どこに住んでいるか、どこの国籍を持つかは関係ないのである。

外国人管理の基本法のひとつである入管法についても、一九九一年一月の「日韓覚書」を受けて制定された法律は、「日本国との平和条約に基づき日本の国籍を離脱した者等の出入国管理に関する特例法」と題されている。

援護法令の国籍条項(要件)も入管特例法も、いずれも、一九五二年の「国籍喪失」に着目していることはいうまでもない。Ⅱ章ですでにみたように、「日本国籍喪失」がいかに一方的であったかは明らかである。

ここにも〝心の溝〟が

一九八一年に、日本が「難民条約」に加入した際、同条約が「社会保障」について「自国民に与える待遇と同一の待遇を与える」(第二四条)ことを要求しているため、国民年金法や児童手当三法の「国籍条項」は、それぞれ削除された(Ⅵ章参照)。にもかかわらず、ひとり援護立法だけに、それが残っているのは納得できない。

『忘れられた皇軍』に登場する若き日の石さんを思い起こすまでもなく、当事者は戦後一貫して訴えつづけている。それは、あたかも〝指紋押捺拒否者〟が統計上では延々とつづいていたのに、日本社会で問題になったのはようやく八〇年代になってからだったことに、よく似ている。

日本遺族会をはじめとする日本人の軍人、軍属、準軍属は、いったい石さんたちのことを、どう思っているのだろうか。かつては〝天皇の赤子〟として戦場で生死をともにした人びとではなかったのだろうか。だのに、なぜ、このように放置してきたのだろうか。こう考えてくると、そこには、また大きな〝心の溝〟が横たわってはいないだろうか。

政府に戦争犠牲者援護を求めることにおいて、日本人はじつにねばり強くそれをつづけてきた。シベリア抑留の問題にしても、二〇年の空白の後、一九八八年、ついに新法(図Ⅳ－1の⑬)を獲得したのである。

さらに、長い間くすぶりつづけてきた被爆者援護法問題も、一九九四年一二月、同法が成立し、被爆者ひとりに一〇万円の特別葬祭給付金の支給などが盛り込まれた。

かつて、引揚者の在外資産の問題では、こんなこともあった。

一九五七年制定の「引揚者給付金等支給法」⑪によって、交付された〝国債〟の償還期限の一〇年が近づくと、ふたたび問題が再燃し、「一般引揚者からも二十万通の補償請求書が、総理府に提出された」という(前掲『引揚げと援護三十年の歩み』)。政府は、ふたたび腰を上げ、「引揚者等に対する特別交付金の支給に関する法律」⑫を制定して、それに対応したのである。二つの法律の題名に一定の〝工夫〟がしてあることに気がつかれよう。

しかし、なぜか石さんたちのことは見えないようで、いつも無視されてきたのである。

あまたある援護立法は、とりわけ年金方式のものについては、ほとんど毎年のように金額引き上げのための法改正がなされている。しかし、いままで、国会で石さんたちのような旧植民地出身者問題が具体的に取りあげられたのは、後に述べる台湾人元日本兵に関するものだけであった。

野党が国会でこのことを問題にしたが、与党多数のため功を奏さなかった、ということでもない。もちろん、在日外国人は〝一票〟は持っていない。だからといって、放置されていいのだろうか。

アメリカの日系人強制収容問題の〝清算〟のための補償金の支払いがはじまったのは、一九九〇年一〇月のことである。エトウ・マモルさん(一〇七歳)らに、二万ドルの小切手とブッシュ大統領(父親のほう)の謝罪の手紙が手渡された。

一方、アメリカと日本のあいだでは、戦争に関する問題はとっくに片づいているともいえる。すなわち、平和条約第一九条(a)によって、「日本国は、戦争から生じ、又は戦争状態が存在したためにとられた行動から生じた(中略)すべての請求権を放棄し」た、のである。

したがって、日系人のうち、少なくとも〝日本国民〟に関しては、その補償問題は解決済みということになる。しかし、アメリカ連邦議会は「将来への警告」として事件の解決をはかることにしたのである(読売新聞外報部訳編『拒否された個人の正義』三省堂、一九八三年参照)。

台湾人元日本兵

インドネシアのモロタイ島で〝中村輝夫〟名をもつ台湾人元日本兵が「発見」されたのは、一九七四年一二月のことである。それがきっかけとなって、七七年八月には、台湾在住の一三名の台湾人元日本兵または遺族が、日本政府にひとり五〇〇万円の補償を求めて東京地方裁判所に提訴した。しかし、一、二審、そして最高裁でも敗訴した。

ただ、一九八五年八月の東京高裁判決は、「ほぼ同様の境遇にある日本人と比較して著しい不利益を受けていることは明らかであり、(中略)早急にこの不利益を払拭し、国際信用を高めるよう努力することが、国政関与者に対する期待である」と付けくわえた。

この「付言」も手伝って、国会議員のなかで立法化の動きが本格化し、一九八七年九月と翌年五月に、相次いで法律が制定され(図Ⅳ-1の⑰の二法)、八八年九月から、戦死者および重度戦傷者にだけは、ひとり二〇〇万円が支払われた。九三年三月末に締め切られ、二万九六四五件が認められた。

しかし、その支払いの決定は、「下記の通り、裁定したので通知します」との日本赤十字社名の〝裁定書〟が届くだけで、日本として慰謝《いしゃ》のことばひとつなかった(台湾とは外交関係がないので、双方の赤十字社のあいだで業務が進められた)。

いまや〝歴史の清算〟の問題は、「賠償」や「請求権」レベルを超えたところで、「過去の克服」から「将来にむけての和解と共存」に向かおうとしているのが、国際的な潮流のように思う。日本は、国内においてさえ、それが著しく立ち遅れてはいないだろうか。

戦後補償の問題は、歴史から何を学ぶかという厳粛な課題と密接に結びついている。この章の冒頭に述べた石さんの申し立ての三日後には、大阪で、同じマーシャル諸島のウォッチェ島で、やはり「戦争障害」を受けた鄭商根《チョンサングン》さん（一九二一年生）が、直接、大阪地裁に提訴した。また、一九九一年四月になると、埼玉県在住の陳石一《チンソギル》さん（一九一九年生）が、同じく「障害年金請求書」を県庁を通して厚生省に提出した。陳さんは、日本軍に徴用された商船の甲板長をつとめていたが、一九四五年四月、ボルネオ（現在のインドネシア、カリマンタン）東海岸のバリクパパン沖でアメリカ軍機の攻撃を受け、左下腿部に負傷した。

石さんと陳さんの請求に対し、厚生大臣はいずれもそれを認めないとの決定を下した。そのためふたりは、一九九二年八月、最後の手段として、その決定の取り消しを求めて東京地裁に行政訴訟をおこした。

遺族援護法の国籍（戸籍）条項の当否を問う初の裁判は順調に進み、一九九四年三月、第九回公判で結審を迎えた。そしてあとは、七月一五日の判決を待つばかりとなった。

不甲斐ない判決

原告のひとり陳石一さんの突然の訃報に接したのは、五月一四日のことだった。何でも、陳さんは持病のぜんそくが悪化し、呼吸不全のため亡くなったという。享年七五だった。

埼玉県の自宅で営まれた告別式では、「在日の戦後補償を求める会」を代表して、私はやりきれない気持ちで弔辞を読んだ。

陳石一さん、こんなかたちでお別れを申しあげることになろうとは、考えてもみませんでした。それはあまりに酷なことというほかありません。

でも、あなたの長い苦汁の日々は、もっともっと酷だったことと思います。そしてそれは、すべて日本がもたらしたものです。

この国の首脳は、口では「耐えがたい苦しみをもたらし……」と言いますが、いまなお何ひとつ実《じつ》のあるものを示そうとはしません。

「天皇の赤子」として戦争に駆り出し、かけがえのない身体に障害を負わせながら、戦後は「国籍」を口実にいっさいの補償を拒み続けているのです。あなたは、その〝理不尽さ〟を生涯、訴え続けられました。

そして、最後の望みを日本の法廷に託され、その審理も終わり、あとは判決を待つばかりになっていたのです。この無念さは、たとえようがありません。

裁判はすでに結審しており、あなたは、その判決を受けるすべての権利をすでに手中にされています。私たちは、責任を持ってその結果をお伝えすべく、またやって参ります。

それまでの、しばらくのお別れです。

「私にとって日本は何だったんだろう」、「日本にとって私は何だったんだろう」という痛切な叫びが、私たちの耳もとから消えることはありません。

あなたの重い生涯をしっかりと心に刻み、私たちは正義という光明を求め続けることをお誓いして、お別れの言葉といたします。

陳石一さん、あなたの生涯は、永遠に青史に記されます。

判決の日、陳さんの遺影を胸に遺族が裁判所に入ろうとしたら、裁判所職員から制止され押し問答となった。結局、風呂敷をかけて入らざるをえなかったが、法廷内では風呂敷をはずすことが認められた。石さんは入院先の神奈川県相模原の病院から裁判に向かったが、交通渋滞にあい、判決には間に合わなかった。

七月一五日、午後一時、東京地裁五一一号法廷は、抽選で選ばれた一般傍聴者と記者で埋めつくされた。そこには『忘れられた皇軍』の大島渚監督の姿もみえた。

裁判長が主文を読みあげた。「原告らの請求をいずれも棄却する……」。敗訴である。

「戸籍法の適用のある（日本人の）軍人、軍属等と戸籍法の適用を受けない朝鮮半島及び台湾出身者の軍人、軍属等との間で、その取扱いに差異が生じているとしても、その立法政策の当否はともかく、それをもって直ちに本件附則が憲法一四条一項〔平等条項〕に違反することになるということはできない」(『判例時報』一五〇五号、一九九四年)という。要するに、事実上、司法府としての判断を放棄するという〝不甲斐ない〟ものだった。

石さんたちは、ただちに東京高裁に控訴したが、一九九八年九月、やはり敗訴だった。しかし、「〔遺族〕援護法の国籍条項及び本件附則を改廃して、在日韓国人にも同法適用の途を開くなどの立法をすること、又は在日韓国人の戦傷病者についてこれに相応する行政上の特別措置を採ることが、強く望まれる」と、かなり強い調子で付言した。

野中官房長官の答弁

翌一九九九年三月、衆議院内閣委員会で野中広務官房長官は、初めて「この人たちに何らかの救済的配慮があっていいのではないかという裁判所の御提起等も考えますときに、〔中略〕人道的、国際的な戦後処理の問題をこの一九〇〇年代を締めくくる年において考えるべきではなかろうか」と答弁した(同委員会議録第三号、三月九日)。

滋賀県在住の姜富中《カンブジュン》さん(一九二〇年生)は南太平洋で負傷した在日戦傷軍属のひとりで、一九九三年、大津地方裁判所に提訴。第一審は敗訴だったが、大阪高等裁判所は九九年五月、職権による「和解」を勧告した。

しかし国側は協議を拒否した。そこで私は、内閣委員の竹村泰子議員(民主党)にお願いして野中官房長官に面会を申し込んだ。官房長官は急遽、沖縄行きの予定が入り、古川貞二郎副長

表Ⅳ-3　弔慰金等支給法の支給結果

国籍等別		件数(人)	金額(万円)	備　　考
韓国・朝鮮	弔慰金	306	79,560	
	見舞金	22	8,800	
帰化者	弔慰金	82	21,320	うち2件は元中国
	見舞金	1	400	うち1件は元中国
中　国	弔慰金	2	520	
	見舞金	1	400	
合　計	弔慰金	390	101,400	
	見舞金	24	9,600	
総　計		414	111,000	

出典：総務省弔慰金等支給業務室編『弔慰金等支給業務の記録』2005年より作成．

官が対応された。「官房長官は今世紀中に何とかしたいと発言されているのに、和解拒否は納得できない」と来意を伝えると、副長官は「野中先生は何とかしたいと本当に考えておられて、ダメなら私財をなげうってもといわれています」との応答だった。

四一四件に弔慰金

二〇世紀を閉じる二〇〇〇年六月、ようやく特別立法（平和条約国籍離脱者等である戦没者遺族等に対する弔慰金等の支給に関する法律。以下、「弔慰金等支給法」。図Ⅳ－1の⑱）が制定され、本人に見舞金四〇〇万円、その遺族に弔慰金《ちょういきん》二六〇〇万円の一時金が支給されることになった。**表Ⅳ－3**によると、翌年四月からむこう三年間に申請を受けつけ、合計四一四件の支給がなされた。

この支給結果を見ると、決して少なくない人びとがいたということである。「在日の戦後補償を求める会」が把握していた当事者は一〇人にすぎなかったことを思うと、いかに多くの人がひっそりと暮らしていたかということだ。なおこの表の「備考」欄の「元中国」は、台湾出身者である。

特別立法が国会で審議されるとき、姜富中さんに参考人として意見陳述の機会を与えてほしいと申し入れた。アメリカ連邦議会による、日系人強制収容問題に関する公聴会にならって、日本でもぜひ、と迫った。しかし、国会は裁判中の者が発言するのは好ましくないと拒否された。だが、田中が意見陳述するのはかまわないという。姜さんは自分は傍聴席にいるので、田中が参考人になってほしい、といわれた。

私は、冒頭でアメリカ連邦議会では日系人が当事者として意見を述べたのに、日本ではそれが実現しなかったのは残念であると述べてから、日本の国籍差別の問題点を指摘した（二〇〇〇年五月一七日、衆議院内閣委員会）。しかし、姜さんのことを思うと、複雑な気持ちだった。

あれは、私が「朝まで生テレビ！」に出た一九九〇年五月のことである。レギュラーの大島渚監督が出演していたこともあって、例の『忘れられた皇軍』に触れて在日の戦傷軍属の問題が取りあげられた。そのテレビを見た方から、お手紙をいただいた。

「テレビでは石さんたちのことが取りあげられたが、私は夫を戦争で失った在日です。私のような存在があることも知ってほしい」と思い、手紙を書いた、とあった。

早速、手紙の主を大阪に訪ねた。その方の夫は一九四五年六月、フィリピン沖で戦死、「死亡通知書（公報）」も手元にお持ちだった。ある人から帰化すれば遺族年金がもらえるからと勧められ帰化したが、ダメだったという。帰化が許可になったときは、前に見た日韓条約後にあたっていたのである。こうして私は、この方の事例を知っていたので、特別立法（弔慰金等支給法）のときは帰化者も加えるよう要請することができた。それが法律に盛り込まれたのが、表Ⅳ－3のなかの「帰化者」である。

さて、大阪地方裁判所に提訴した鄭商根さん（一二五ページ）は、途中で死去し、後を韓国在住の遺族が引きついだが、やはり敗訴に終わった。そのうえ、弔慰金等支給法はその支給対象を日本在住者に限っていたため、弔慰金二六〇万円は支給されなかった。

「鄭商根さんの戦後補償を求める会」は、「パラム・プロジェクト」に名称を変えて、遺族への弔慰金に見合うだけの募金を集めるために再スタートした。そして五年後、目標の金額を達成し、韓国・済州島の遺族に届けたことを書きとめておきたい。

シベリア抑留にも国籍

京都地方裁判所に提訴した李昌錫《イチャンソク》さん（一九二五年生）は軍人として関東軍に配属され、戦後、シベリアに抑留された。一九五三年、引揚船で京都の舞鶴港に帰着。

恩給欠格者を対象とする一九八八年制定の「平和祈念事業特別基金等に関する法律」（図Ⅳ－1の⑬）による申請をしたが、「国籍条項」により却下され、九二年に提訴したが、やはり敗訴に終わった。

二〇〇〇年制定の弔慰金等支給法（図Ⅳ－1の⑱）は、重度の戦傷者および戦死者に限定されたため、李さんはその対象とはされなかった。

こうしたなか李さんは、二〇〇一年九月、無念のうちに死去。私も告別式に足を運んだが、その霊前には、「感謝状」が置かれていた。そこには、「あなたは過ぐる大戦において、日本軍人として参加し（中略）舞鶴港に引揚げられてからも、半世紀にわたり軍人としての栄誉と処遇を受けられることなく耐え難い人生を刻んでこられた。ここに長年にわたるあなたの御苦労に深甚の謝意を表し感謝状を贈呈いたします。平成一一年八月一日　内閣官房長官　野中広務」とあった。そして、金一封が届けられたという。弔慰金等支給法ができても、李さんがその対象にならないことを、野中氏はご存知だったのではなかろうか。

石さん、陳さん（以上、東京）、鄭さん（大阪）、姜さん（大津）、李さん（京都）と五人が提訴したが、裁判はすべて敗訴に終わった。日本の司法府はこれほど明確な国籍差別を結局は追認したことになり、かろうじて「付言」をつけるのみだった。特別立法による一時金を直接手にしたのは、五人のうち石さんと姜さんだけだった。そして、今では、すべての人が鬼籍に入ってしまった。

民主党への政権交代後の二〇一〇年六月に、シベリア抑留についての補償法、正式には「戦後強制抑留者に係る問題に関する特別措置法」(図Ⅳ-1の⑭、以下、シベリア特措法)が制定され、帰還時期に応じて二五万円から一五〇万円が支給されるが、またしても「国籍条項」が登場し、朝鮮人、台湾人でシベリアに抑留された人は対象外とされた。

私には、こんな体験がある。一九九六年、中国東北地区の延辺朝鮮族自治州で年輩のシベリア抑留を経験した朝鮮族の人に出会った。私は、「日本ではシベリア抑留者に一〇万円の慰労金を支給する平和祈念事業特別基金法(図Ⅳ-1の⑬)ができたが、お恥ずかしいことに対象は日本人だけです」と話した。ところが、意外な返事を聞くことになった。「かつての日本人の戦友と文通があり、『俺は一〇万円もらったので、お前に半分を送るから』と五万円を送ってくれた」という。

今回のシベリア特措法に、この「戦友の心」を期待したが叶わなかった。シベリア抑留台湾人の呉正男さん(一九二七年生。横浜在住)のある会合での発言「国籍差別は解消されないでしょう、選挙で票にならないでしょうから……」を、そのまま聞き流していいのだろうか。

V　差別撤廃への挑戦

外国人弁護士第１号の道を開いた金敬得氏は，56 歳で早逝．その追悼集．

日立就職差別裁判

一九七〇年代の幕明けは、ある新しい出発をしるす年となった。私に留学生問題から在日朝鮮人問題への〝飛躍〟をもたらしたのは、Ⅱ章で見たように一九七一年のことである。孫振斗さんを福岡に訪ねたのも、京都の宋斗会さんから手紙をもらったのも、いずれも七一年のことだった。

一九七〇年一二月、ひとつの大きな裁判がスタートしていた。いわゆる「日立就職差別裁判」(以下、日立裁判)である。この事件については、『民族差別』(朴君を囲む会編、亜紀書房、一九七四年)がまとめられているので、それによって、新しい動きの誕生を考えてみたい。

愛知県生まれの朴鐘碩《パクチョンソク》君(一九五一年生)は日立製作所の採用試験に合格しながら、在日朝鮮人とわかると採用を取り消され、そのことが裁判で争われていた。

朴君は愛知の県立高校(商業科)を卒業後、いったんは地元の中小企業にプレス工として就職するが、「雇ってやった」という態度に抵抗を感じ、日ならずして退職。たまたま日立製作所ソフトウェア戸塚工場(神奈川県)の求人広告を『朝日新聞』で見て応募した。履歴書の氏名欄には〝日本名〟の新井鐘司を、本籍欄には両親の現住所(愛知)を記入。そして応募者三二人中、合格者七人という難関を突破、九月四日付で、赴任日、携帯品などを指定し、戸籍謄本の携行を指示した「採用通知書」を受けとった。

日本には戸籍がない彼は、九月一五日、外国人登録済証明書を持参する旨電話をしたところ、日立側は「採用通知は保留にする、詳細は明日電話する」との対応をとった。翌日になっても連絡がないため、一七日、彼のほうから電話をしたところ、日立側は「当社は、一般外国人は雇いません。迷惑したのはお宅のほうではなく、私のほうです。あなたが本当のことを書いたら、こんなことにならなかった。今回は諦めてください。採用は取り消します」と伝えた。かくして、朴君は大企業日立製作所によって解雇されてしまったのである。

朴君の支援運動をになった事務局のひとり、和田純氏は、次のように綴っている。

変わる日本人

「一人の人間が生きる糧を求めたのに対し、それを拒否し、表現仕様のないような憔悴《しょうすい》の淵へと突き落してゆく、その朝鮮人差別は、わずかにこれだけの経過の中で、人一人をないがしろにしていったのだ。日本社会における就職差別が、いかに根強く存在しているのか、朴君の解雇に至る事実経過の『簡単さ』は恐しいほどすさまじい」

このことは、私たちに何かを予感させる。じつは提訴より前に、朴君と日本人青年たちとの出会いがあったのである。

当時、日本の若者のなかに、従来とは違った何かを感じ始めていた人がいたのではないか。

私のところに朝鮮人被爆者孫振斗さんの事件を持ち込んだ青年も、そのひとりだったように思える。

「朴君を囲む会」という支援運動は、要するに入管法案反対運動のなかから生まれたのである。私にとっては、入管法案に反対する留学生の「共同声明」にかかわっていたころであるし、それはやがて、孫振斗さんや宋斗会さんとの出会いにもつながっていった。

裁判の位置づけ

日立裁判は、一九七四年六月一九日、横浜地方裁判所(民事二部)において、(1)朴君は労働契約上の権利を有する(すなわち解雇無効)、(2)判決確定までの未払い賃金を払うこと、(3)慰謝料は請求全額を払うこと、の三点を認めた全面勝訴判決を勝ちとった。

さらに、日立側の控訴断念によって判決は確定し、朴君は晴れて入社し、定年まで勤めた。なお、朴君は提訴から二〇年たった一九九〇年七月、裁判を支えた人びとおよび会社側の当時の担当者などを招いて感謝パーティを開いた(『朝日新聞』一九九〇年七月二六日)。

日立裁判の審理は、弁護団の精力的な取り組みもあって、大量の原告側証人が採用され、なかでも在日朝鮮人が多く住む阪神地区、および朴君の出身地の名古屋では、それぞれ「出張尋問」もおこなわれた。そして、在日朝鮮人の歴史、さらには就職差別などの差別実態にメスが入れられた。その詳細については、前に掲げた『民族差別』に譲って、ここでは、その〝位置づけ〟について考えてみたい。

朝鮮人だということで就職がダメになることはたびたびあったであろうが、従来は〝泣き寝入り〟に終わっていた。それに、あえて裁判というかたちでの挑戦が試みられたのである。そして、おりからの「ベトナム戦争期」の市民運動や入管法案反対運動を背景とする新しい支援運動が生まれ、日本人自身がみずからの社会のあり方を自問する方向に発展していった。〝心の溝〟の克服に向けて、動き出したといえよう。

日立裁判は日本社会を問うただけでなく、朴君自身の「自分をとりもどす道」ともなった。「朴君を囲む会」の発行する『玄海灘』にのった朴君の文章には、「박종석〔パク・チョン・ソク〕」と氏名がハングルで書かれていた。朴君自身、裁判の最終段階における裁判所への「上申書」に、こう綴っている。

「この事件がなかったら、私は、いまでも愛知県のかたすみで悶々《もんもん》として、それこそ甲斐のない生き方をしているだろうと思うと、ある意味では、このように私を成長させる契機をつくってくれた日立に、すこしばかり感謝したい気もします」と。

そして、横浜地裁の判決は、「原告を含む在日朝鮮人が置かれていた状況の歴史的、社会的背景、特に、わが国の大企業が特殊の例外を除き、在日朝鮮人を朝鮮人であるというだけの理由で、これが採用を拒みつづけているという現実や、原告の生活環境等から考慮すると、原告が右詐称（氏名欄および本籍欄の記載）等に至った動機には極めて同情すべき点が多い」と述べた。

さらに、朴君の上申書を受けて、「被告の原告に対する本件解雇によって、在日朝鮮人に対する民族的偏見が予想外に厳しいことをいまさらのように思い知らされ、そして、在日朝鮮人に対する就職差別、これに伴う経済的貧困、在日朝鮮人の生活苦を原因とする日本人の蔑視感覚は、在日朝鮮人の多数から真面目に生活する希望を奪い去り、時には人格の破壊にまで導いている現在にあって、在日朝鮮人が人間性を回復するためには、朝鮮人の名前をもち、朝鮮人らしく振舞い、朝鮮の歴史を尊び、朝鮮民族として誇りをもって生きていくほかないことを悟った旨、その心境を表明している。民族的差別による原告の精神的苦痛に対しては、同情に余りあるものといわなければならない」と指摘した（『判例時報』七四四号、一九七四年）。

「協定永住」と民闘連

朴君は、日韓国交正常化（一九六五年）にともなって結ばれた「日韓法的地位協定」にもとづく「協定永住」（I章参照）を取得していた。

この協定によって、一九六六年一月から七一年一月までのあいだ、「韓国国民」は申請により「協定永住」が取得できるとされた。したがって、朴君の提訴は、ちょうどその申請期間の最終段階に位置することになる。

別の言い方をすれば、日韓関係は正常化されたが、協定永住者の日本における生存権について、正常化は、さしたる意味を持たなかったことを逆に証明するかたちとなった。

日立裁判が全面勝訴だったことは、その運動の過程そのものが内包したものも含めて、明らかに新しい挑戦への潮流を生みつつあった。支援運動を各地で支えたグループによって、「民族差別と闘う連絡協議会」(民闘連)が発足したのは、判決の年のことである。

各地の支援運動は日立裁判を支える一方で、自分の足元にある具体的な差別を発見し、相互に連携し、交流を深めながら、おびただしい差別の集積に挑むことになる。

各自治体の公営住宅への入居、日本育英会(現在は、日本学生支援機構)の奨学金の受給、日本電電公社(NTTの前身)の職員採用、そして関西を中心とする地方公務員の採用など、それぞれ「国籍」を理由とする差別をなくすために、さまざまな運動が展開された。

さながら、日本における〝公民権運動〟のひろがりの様相を呈していた。日立裁判勝訴の翌年に大阪で初めてもたれた「民闘連全国交流集会」は、以降毎年、会場を各地に移して開催されていく。

南北分断のなかで

日韓条約が締結され、日韓の国交正常化がなされたのは、一九六五年のことである。しかし、そこでは、南北朝鮮の分断のなかで「南」を選ぶことの是非に関心が集中し、植民地支配とそれにともなう「歴史の清算」問題は後方に押しやられた。

しかも、韓国を相手とする日韓交渉は、一方で朝鮮民主主義人民共和国(北朝鮮)への「帰国運動」の時期とも重なっていた。

一九五九年二月、⑴居住地選択の自由という国際通念にもとづく、⑵帰国希望意思の確認等については赤十字国際委員会に協力を要請する、との閣議の了解により、同年八月、インドのカルカッタにおいて、日本赤十字社と朝鮮赤十字会とのあいだで「在日朝鮮人の北朝鮮帰還に関する協定」が調印された。そして、年末には新潟港から帰国第一船が出航し、以降、一〇万近い人が帰国した(なお、朝鮮人の夫について渡航した日本人の妻が、約一八〇〇人いるといわれる)。在日韓国・朝鮮人数は戦後少しずつ増えつづけていたが、帰国最盛期の一九六〇年、六一年は減少している。

南北朝鮮の対立を背景に、韓国サイドはこの「北朝鮮帰還」について激しい「北送反対運動」を展開した。そして、前に述べた日韓交渉の妥結＝日韓国交正常化については、逆に北朝鮮サイドから「日韓会談」反対が叫ばれた。したがって、日本政府は南北対立のなかで〝漁夫の利〟をしめ、そのことによって「歴史の清算」を〝回避〟したともいえよう。

日立裁判の原告であった朴鐘碩君も、北朝鮮帰還や日韓条約という〝前史〟と無縁ではありえなかったであろうが、その就職差別裁判はまた違った顔を日本社会に向け、それに対面する日本人にも何か新しいものが生まれた、という意味でも画期的だった。

李珍宇《リジンウ》事件(一九五八年の小松川女子高生殺人事件の犯人として六二年死刑執行)や金禧老《キムヒロ》事件(一九六八年、ライフル銃で暴力団員を射殺し、日本の民族差別を告発。無期懲役で服役、一九九九年九月、韓国への帰国を条件に仮出所、帰国後二〇一〇年三月死去)とは、異なる日本社会への問いかけだったといえよう。

金敬得君との出会い

私がアジア文化会館から愛知県立大学に移ってしばらくたった一九七六年秋、前の仕事以来親しくしているシンガポール人留学生から、在日朝鮮人のことで力になってほしい、ともちかけられた。その留学生と大学でいっしょだった日本生まれの朝鮮人が、自分の後輩がこんど司法試験に合格したが、〝帰化〟しないと弁護士になれないらしい、このまま弁護士になれる道はないか、というのである。

アジア人留学生が在日朝鮮人の親しい友人をもっている場合が多いことには気づいていたが、こんなかたちで話がつながるとは思っていなかった。

こうして、私は金敬得《キムキョンドク》君の司法研修所入所問題に取り組むことになった。この問題については、関係資料なども含め、のちに『司法修習生　弁護士と国籍』(原後山治・田中宏編、日本評論社、一九七七年)をまとめた。

金敬得君は一九四九年、和歌山市に生まれ、そこで小・中・高と日本の学校に学び、七二年三月、早稲田大学法学部を卒業した。金君も「協定永住」は取得していたが、希望したジャーナリズムへの就職は不可能とわかり、一念発起して司法試験に挑み、六〇倍をこえる難関をついに突破したのである。しかし弁護士となるためには、二年間(当時)の司法修習を終えねばならず、その採用を司法研修所に申し込んだところ、最高裁判所(司法研修所は最高裁に属している)は日本への帰化を条件として持ち出してきたのである。

「司法修習生採用選考要項」をみると、それに該当すると採用されない「欠格事由」の冒頭に「日本国籍を有しない者」とあり、従来、外国人で合格した一二名は、やむなく帰化をしたという。しかし、金君は帰化するのではなく、在日朝鮮人として司法修習生になりたい、との意向をつづった「請願書」を最高裁に提出した。私は、原後《はらご》山治《さんじ》弁護士らに加わって、金君を支持する立場から六次にわたる「意見書」を提出し、最高裁に再考をうながした。

金君は「請願書」のなかでこう述べている。

私は、幼時より、朝鮮人として生まれたことを恨みに思い、自己保身から一切の朝鮮的なるものを排除することに努めてきました。小学・中学・高校・大学と年を経るにつれ、日本人らしくふるまうことが習性となっていました。〔中略〕朝鮮人であることを見すかされないかと周囲に気を配り、小心翼々と生きていくことのみじめさに耐えられなくなりました。〔中略〕

私は、大学卒業時に味わった社会的、職業的差別を契機として、〔中略〕日本における朝鮮人差別の解消、日本の民主化のために、自分の出来る最も効果的なことは何であるか、日本社会の差別から逃げ回るように生きてきた過去二十三年間の空白を取り戻す道は何であるか、大学法学部に進学したことを意味あらしめる道は何であるか、について考えました。その総合的結論が、司法試験に合格して、朝鮮人司法修習生、朝鮮人弁護士になるということでありました。以来四年間、アルバイトで生計を立てつつ、受験勉強に励み、ようやく今年司法試験に合格できた次第です。〔中略〕

この時点において、軽々しく帰化申請を行うことは、私にはできないのであります。それは、私が弁護士たらんとした立脚点そのものをうしなうことを意味するからであります。〔中略〕朝鮮人であることを恨み、いたいけない心を痛めている同胞の子供に対して、「朝鮮人であることを恥じずに、強く生きるんだよ。」と諭してみても、それが帰化した人間の言葉であってみれば、一体いかなる効果があるでしょうか。

アメリカの事例と日本

私たちは、司法修習生や弁護士制度の沿革、在日朝鮮人の法的地位などについてさまざまな角度から調査、研究を進め、最高裁への「意見書」の準備をした。司法試験は外国人でも受験でき、弁護士法においても外国人は排除されていないのに、その中間の司法修習には日本国籍が必要だというのは、いかにも奇妙なことである。もちろん、「国籍要件」を定めた法令はまったく見あたらない。

さらに、記録を調べてみると、外国の弁護士に日本での弁護士業務を認める制度を廃止するための弁護士法改正が、一九五五年八月におこなわれているが、その際「外国人であっても日本の試験に合格すれば弁護士となり得る」から、というのがその改正理由のひとつとされていたのである。

またアメリカで、興味ある判決が出されていることもわかった。

アメリカは弁護士資格を各州法で定めているが、連邦最高裁判所は、一九七三年六月、あるオランダ人の提訴に関し、弁護士資格をアメリカ市民に限定するコネチカット州法は、連邦憲法修正第一四条にいう「法の下の平等」に反するとして違憲判決を言い渡した。判決は、「弁護士の究極的な目的が依頼者の法律上の権利を守ること」である点に着目し、人種とか国籍とかのおおざっぱな区分で法の運用を異にするのは、本来的に疑わしい(英文は inherently suspect)ことであると指摘していた。

この連邦最高裁判所の判決の結果、弁護士資格に市民権を要求していた州では法改正がおこなわれ、当時すでにニューヨーク州では日本人の弁護士が誕生していた。また、日本で生まれたある朝鮮人は、日本の大学の法学部で弁護士をめざして学んでいたが、試験に合格しても結局帰化しなければ弁護士になれないと知らされ、アメリカに渡った。そして必死の思いで英語から学びなおし、ついにワシントン州で弁護士になったという事例があることもわかった。

外国人司法修習生第一号

結局、最高裁判所は、翌一九七七年三月、金君を「予定通り」司法修習生とするとの最終判断を下した。しかし、率直にいって、私はキツネにつままれた思いだった。最高裁判所は「憲法の番人」といわれている。そこが、いかに安易に「国籍」による制限を認め、また批判を受けると、簡単に「日本国籍を有しない者」を採用したのである。しかも、翌年以降、修習生の「選考要項」の欠格事由は、「日本国籍を有しない者（最高裁判所が相当と認めた者を除く）」と、傍点部分が加わっただけである。

ともあれ、金君は外国人司法修習生第一号となり、二年後には外国人弁護士第一号として登録された。見知らぬ在日朝鮮人から、子どもにも弁護士をめざしてがんばれといってるんです、と話しかけられたことが何度かある。金君の投じた一石の波紋の大きさを、しみじみ感じた。その後、一九九〇年秋までに二七人が修習生に採用されている（『毎日新聞』一九九〇年一二月二〇日）。毎年必ず数名が合格し、二〇〇二年には在日コリアン弁護士協会（略称ＬＡＺＡＫ、Lawyers' Association of ZAINICHI Korean）も生まれている。

金敬得君は、一九七九年に弁護士登録するが、八一年秋から韓国語習得と韓国の司法事情研修のためソウルに留学、八五年二月、日本に帰る。もちろん日韓のバイリンガル弁護士となっていた。「在日」の年金裁判（Ⅵ章参照）、サハリン残留韓国人帰還請求裁判、みずからも指紋押捺を拒否するとともに指紋押捺裁判の弁護人をつとめ、Ⅳ章で述べた石さん陳さんの戦後補償裁判、後で述べる都庁管理職受験資格確認訴訟などの代理人をつとめたが、二〇〇五年一二月、ガンのため五六歳の若さで生涯を閉じた。

私は『弁護士・金敬得追悼集』(新幹社、二〇〇七年。本章の扉写真)の編集委員をつとめた。同追悼集には、当時の最高裁判事、泉徳治氏の「金敬得さんを憶う」が収められているが、じつは司法修習問題のときの担当課長だった方で、私も原後弁護士、金敬得君といっしょに最高裁を訪ねたときにお目にかかっていたのである。三〇年前のことになる。

なお、前に見たように、金君が採用されたとき、最高裁はその欠格事由を「日本国籍を有しない者(最高裁判所が相当と認めた者を除く)」と( )内を加えただけで、国籍要件は残すが例外を認めるとしたにすぎなかった。その後もそれが維持されていたが、二〇〇九年一一月に司法修習が始まる者から、国籍要件そのものが撤廃された。金君が門をたたいてから、ちょうど三三年が過ぎたことになる。このときも、最高裁はその理由を明らかにしなかった。

外国人弁理士の誕生

一九八二年秋、原後弁護士から電話をいただいた。弁理士試験に合格した在日朝鮮人から相談を受けたという。すぐに原後法律事務所に出向き、そこで初めて鄭《チョン》陽一《ヤンイル》君に会った。

鄭君は一九四七年、東京に生まれ、東京大学機械工学科を修士課程まで修めたが、就職先はなかったという。そこでアメリカに渡り、四年間で工学博士の学位を取得し、帰国後はアメリ力で身につけた英語と専門を生かして、国際特許事務所に勤務。そのかたわらで弁理士試験の勉強をしたという。なお、鄭君は「特例永住者」であった。

特許業務を扱う弁理士は、弁護士に優るとも劣らない難関(鄭君のときは、受験者二八〇六名中合格者七七名)であるが、合格後に司法修習のような制度はない。しかし、当時、弁理士法(一九二一年制定)第二条は、弁理士の資格について、「日本国民、または通商産業大臣の定むる所により外国の国籍を有する者にして成年者たること」と定めていた。そして、同条の後段にいう「通産省令」は、相手国が日本国民に弁理士資格を認める場合は日本においても認める、との「相互主義」をうたっていた。鄭君の本国である韓国の弁理士法は「自国民」に限っており、このままでは弁理士登録はできないことになる。

原後弁護士ともども特許庁に何度か足を運び、鄭君に「相互主義」を適用することはあまりに非現実的であること、最高裁が金君を採用した経緯などこまごまと説明し、再考を求めた。結局、省令の「相互主義」に、「その他、通産大臣が特に認める場合」を加える改正が、翌八三年三月におこなわれ、同期の合格者と同じように鄭君の弁理士登録が認められた。外国人弁理士第一号が誕生したのである。

鄭君に最初に会ったとき、合格しても国籍の問題があることは気づいていたのか、とたずねたことがある。それに対して、「もちろん知っていました。でも合格すれば道が開けるだろうと思いました。金さんが弁護士の道を開いたことをアメリカで知っていましたから……」というのが彼の返答だった。ひとつの挑戦が目にみえないところで、次の挑戦を生むんだなということを、このときほど強く感じたことはない。

公立学校の教員採用

私にとっては、金君と鄭君の「事件」のあいだにはさまることになるのが、公立学校の教員採用の問題である。一九七九年秋のふたつの出来事は、私の周辺でも話題になった。

ひとつは、埼玉県の朝鮮人生徒が、民族的偏見からとみられる「いじめ」を苦に、マンション屋上から飛降り自殺をはかった事件である。もうひとつは、三重県で初めて在日朝鮮人が教員試験にパスしたというニュースである。このふたつの出来事は、それぞれ教育現場にあるものに、在日朝鮮人の問題について考えるきっかけを与えた。

愛知県と名古屋市の教員試験の要項には、当時「日本国籍を有する者」に限る、とあった。ある中学教師は、大学在学中の教え子の朝鮮人から、なぜ愛知では試験も受けられないのか、と問いただされたという。調べてみると私のいた愛知県立大学でも、その数年前に、教員志望の朝鮮人学生がおり、優秀な生徒でもあったので、教授が個人的に教育委員会にかけあったがダメだったという。

こんなことから、愛知に「在日朝鮮人生徒の教育を考える懇談会」(以下、教育懇)が生まれたのは、一九八〇年三月のことである。私も世話人のひとりとして、それに参加した。愛知は、外国人の多いところで、大阪、東京、兵庫についで当時は四番目（当時約六万人、九〇％は韓国・朝鮮人）であり、「日本名」か「本名」かはあるにしても、かなりの教育現場において、教師たちは在日朝鮮人生徒と向きあっていた。

一九八一年四月になると、三重で二人目が公立学校教員に採用され、また兵庫でもその夏から国籍要件が撤廃されることが伝わってきた。

愛知の教育懇では、最初の課題として国籍要件の撤廃に取り組むことにした。外国人も教員免許状は取得でき、地方公務員法（第一六条）、学校教育法（第九条）には、それぞれ欠格事由の定めがあるが、いずれも国籍要件は含まれていない。法律にもとづいて教員免許状を取得していながら、公立学校の教壇に立とうとすると、国籍要件にはばまれて採用試験が受けられないというのは、すべては法に委ねる「法治主義（法律による行政）の原則」に反することになる。

一九八一年夏の教員試験では、愛知県立大学の学生も含め、数人の在日朝鮮人が愛知県または名古屋市の試験に応募したが、願書は返送されてしまい、裁判に訴えてみたが、〝門前払い〟に終わった。しかし、こうした問題が存在することを、地域社会に知らせるうえでは大きな役割を果たすことができた。

名古屋テレビは報道番組で、大阪のある公立小学校の韓国人教師の授業風景を紹介するとともに、その校長のインタビューも伝えてくれた。

当の崔《チェ》先生は、「韓国人の子には民族意識をもたせたいと思いますし、日本人の子には、人種差別なんかとおりこして、もっと大きな人間になって欲しい」と語っていた。

校長は、「教育委員会から電話があって、崔先生を配当したいと。これはひとつのいい機会だ。ややもすると韓国人、朝鮮人に対する偏見をもっていることは事実ですから、今後の教育はそれをなくしていかねばならない。この方に来ていただいて、ぜひ本校でそういった教育のあるべき姿を求めていきたい、とその瞬間考えました」と話していた。

一方、私たち教育懇は名古屋弁護士会にも人権救済を申し立てていた。一九八二年二月、同弁護士会は県と市の教育委員会に対し、国籍要件は撤廃するようにとの勧告を出し、その年の夏の教員試験から、愛知の地でも教員への門戸が開放された(その後、名古屋市で一名採用)。

しかし、一九八二年九月、「国公立大学外国人教員任用法」(当時)が公布される際、文部省は、「なお、国立、公立の小学校、中学校、高等学校等の教諭等については、従来どおり外国人を任用することは認められないものであることを念のため申し添えます」との〝付言〟を加えたのである。長野県で教員試験に合格した梁弘子《ヤンホンジャ》さんの採用に、文部省が〝圧力〟を加えたのは、このあとの八四年一二月のことである。結局、長野県は教諭ではなく、常勤講師として梁さんを採用して、ことをおさめた。

その後、一九九一年の「日韓覚書」を受けて、文部省は、九一年三月、各都道府県・指定都市教育委員会宛てに教員採用試験の受験は認めるが、合格した者は「常勤講師」として採用することとの通知を出した。

その結果、日本人は「教諭」となるのに対し、外国人は「常勤講師」となることとされた。そして、教諭でないと校長、教頭、主任などの管理職につくことはできないため、外国人は〝一級教員〟ということになった。私立学校ではこうした〝区別〟はないので、公立学校でのこうした扱いに合理性はない（『知っていますか？　外国籍教員差別を！』兵庫在日外国人人権協会ほか、二〇一〇年参照）。

名古屋の公立小学校で、子どもが「日本名」使用を強く求められたとの話が、教育懇に入ったのは一九八三年秋のことである。朝鮮人としての自覚をもたせたいと「本名」で育ててきた親に対し、学校側は「変わった名前でいじめられるとかわいそうだから」と「日本名」をつけるよう、くり返し求めたという。〝からかう〟子どもが育ちつつある現実は見えていなかったのである。

文部省や教育委員会は、「二つの名前」をもつ在日韓国・朝鮮人児童生徒の教育――それはまた日本人児童生徒の教育でもある――について、どのように考えているのだろうか。日本社会における差別撤廃という、より大きな命題を抜きにしては考えられないのである。

文部科学省は、新しい教育基本法や学校教育法の規定にのっとり、二〇〇八年三月、新しい「学習指導要領」(文部省告示第二七号および二八号)を公布した。その小学校および中学校の「総則」に目を通したが、「障害のある児童(生徒)」「海外から帰国した児童(生徒)」は登場するが、外国人の児童(生徒)という文言を見つけることはできなかった。

つづく新しい挑戦

大阪での入居差別裁判は、民族差別による入居拒否を告発した日本で初めての裁判となった。裵建一《ペコニル》さん(一九五〇年、東大阪市生まれ、カレー・ショップ経営)は一九八九年一月、日本国籍がないとしてマンションの入居を拒否された。そのため同年四月、家主、仲介業者そして大阪府を相手に、大阪地方裁判所に提訴した。「裵さんと共に入居差別を考える会」も発足、四年の審理をへて、一九九三年六月、大阪地裁は、裵さん勝訴の判決を言い渡した。すなわち、裵さんとキンキ・ホーム(仲介業者)とのあいだで、賃貸契約の交渉が相当程度進行し、裵さんが契約成立を確実なものと期待するにいたっていたのに、家主は、裵さんが韓国人であることを主たる理由として契約を拒否したのであり、その契約拒否には合理的な理由はない、とした。そして二六万七〇〇〇円の損害賠償の支払いを命じたのである(『判例時報』一四六八号、一九九四年)。

ただ、宅地建物取引業法の目的にある「取引の公正の確保」とは、「経済的公正の確保」であって、国籍を理由とする取引拒否は取引の公正を害する行為とはいえない、として、仲介業者およびその監督責任をもつ府知事の責任は問えないとした点には疑問が残る。しかし、初の入居差別裁判で家主の責任が認められたことの意義は大きく、今後は知事も知らん顔はできないのではなかろうかと思った。

定住外国人が地方公務員に

定住外国人を地方公務員として採用することは、専門性の高い職を中心に少しずつ門戸開放が進んでいる。

東京都は一九八六年に、保健婦、看護婦、助産婦の国籍要件を撤廃し、八八年には在日韓国人の鄭香均《チョンヒャンギュン》さんが初めて保健婦として採用された。一九五〇年に岩手県に生まれた二世で、「特別永住者」である。鄭さんは、東京都の保健所に勤務し、一九九二年一二月には主任試験にも合格した。さらに九四年三月には、都の人事委員会から所属を通して「管理職選考実施要綱」と申込用紙が送られてきた。

ところが、要綱に「国籍要件」があるわけでもないのに、国籍を理由に申込書の受理は拒否されてしまった。都は、「公権力の行使または公の意思の形成への参画に携わる職員になるには日本国籍を必要とする」という「当然の法理」を持ち出して拒否理由とした。

かくして、一九九四年九月、都知事を相手とする「管理職受験資格」の確認を求める提訴となった。これはもちろん全国でも初めてのケースである。

鄭さんは、「裁判に踏み切るかどうかは迷いに迷った。しかし、差別に負けたくない、屈服したくない。最初に壁にぶつかった者が闘わないと、他の人の門戸を閉ざすことになると決意した」と、その心境を語っていた。

「当然の法理」という漠然とした基準で、管理職試験の受験を認めないことは、法治主義の原則に反するといえよう。しかも、今回のケースは採用時の差別ではなく、すでに都職員の地位にある者に対する差別であるという点でも注目される。

日本では法律が禁止する差別事由として「国籍」が明記されることは少ないが、労働基準法第三条（均等待遇）は、「使用者は、労働者の国籍、信条又は社会的身分を理由として、賃金、労働時間その他の労働条件について、差別的取扱をしてはならない」と定め、その違反については「六箇月以下の懲役又は三十万円以下の罰金に処する」（第一一九条）となっている。

鄭さんの場合、一九九六年五月の東京地裁判決は敗訴だったが、九七年一一月、東京高裁は原告勝訴の逆転判決となった。この判決は、まず、公務員を、(1)国の統治作用である立法、行政、司法の権限を直接行使する公務員（たとえば国会議員、大臣、裁判官など）、(2)公権力を行使し、または公の意思形成に参画することによって間接的に国の統治作用にかかわる公務員、(3)それ以外の上司の命を受けておこなう補佐的・補助的な事務、またはもっぱら学術的・技術的な専門分野の事務に従事する公務員、とに大別した。そして外国人は(1)に就くことはできないが、(3)に就くことは差し支えないとし、(2)については、その職務内容を具体的に検討し、(1)か(3)かを区別する必要があり、「一律にすべて外国人の管理職への任用（昇任）を認めないとするのは相当でなく」、⑵に属する管理職への任用については、外国人にも憲法二二条の職業選択の自由や同一四条の平等原則の保障が及ぶとして、鄭さんに勝訴を言い渡した（『判例時報』一六三九号、一九九八年参照）。

しかし、二〇〇五年一月、最高裁大法廷は、一三対二で、この高裁判決を破棄し、「管理職を含む一体的な任用制度をつくることは自治体の判断に任される」とし、都の受験拒否をも自治体の裁量の範囲内として追認したのである（『判例時報』一八八五号、二〇〇五年）。

この判決にはふたりの反対意見が付されたが、そのひとりは先の泉徳治裁判官だった（一四八ページ）。その意見には「当該地方公共団体との結び付きという点では、特別永住者の方がはるかに強いものを持っており、特別永住者が通常は生涯にわたり所属することとなる共同社会の中で自己実現の機会を求めたいとする意思は十分に尊重されるべく、特別永住者の権利を制限するについては、より厳格な合理性が要求される」とあり、都側の上告は退け、原告勝訴とすべきとした。

大法廷での原告代理人、金敬得弁護士が意見陳述するのを私は傍聴したが、一五人の裁判官席のひとりは泉徳治裁判官だったのは奇遇というほかない。大法廷の多数意見は、結局のところ、都の行政措置の追認に終わったが、逆に反対意見は説得力をもつ理由を述べており、将来への方向性を示唆している。それにしても、一三対二、という結果にはいささか失望した。しかし、判決は、判断を自治体の裁量に委ねるということなので、各自治体で進む公務員採用や管理職登用にさほどマイナスにはならないように思う。

なお、鄭さんは二〇一〇年に定年をむかえた。

このように一九七〇年代以降の、民族差別撤廃への挑戦が、広く、深く、そして奥行きをもって拡大していったことが、一方で「指紋押捺制度」への挑戦の条件を作り出し、さらに新しい挑戦を生んでいるのである。

「外国人お断り」

一九九八年六月、ブラジル人の女性ジャーナリストのアナ・ボルツさんは、静岡県浜松市の宝石店で入店拒否にあった。彼女は「人種差別」を問うために静岡地方裁判所浜松支部に提訴し、九九年一〇月、勝訴した。判決は、日本が加入する人種差別撤廃条約を活用して一五〇万円の支払いを命じた。店主もそれを受け入れたため、事件は落着した。

『ニューヨーク・タイムズ』紙は、一九九九年一一月一五日付で「'Japanese Only' Policy Takes Body Blow in Court（外国人お断り、に裁判所が一撃）」と題する大きな記事を掲げ、浜松判決をはじめ、店頭の「外国人お断り」の貼り紙、入浴を拒否する浴場など、外国人に対する差別事件を紹介した。そして「日本の一九四六年憲法は、英文ではAll of the peopleは法の下に平等であっても〔中略〕となっているが、日本文では、すべて国民は〔中略〕となっていて、自国民に限定している」とも指摘している。

また、北海道の小樽市における「温泉入浴拒否問題」に取り組んでいるアメリカ人男性の活動も紹介している。

ニュージーランドのダニーデン(Danedin)市は小樽市の姉妹都市であるが、その地元紙『Otago Daily Times』は、一九九九年一二月二九日付で「姉妹都市が、偏見ゆえに告発される」との記事を掲げ、「外国人の方の入場をお断りいたします、Japanese Only」との「掲示」の写真を掲げている。「外国人お断り」という文言は、すでに世界を駆けめぐっていたのである。

二〇〇四年一〇月には、大阪府下の眼鏡店でアフリカ系アメリカ人が入店拒否にあう事件が起きた。店側に「出て行け、黒人は嫌いだ、ドアに触るな」などと言われたという。その男性は、侮辱容疑で店主を大阪府警に刑事告訴するとともに、損害賠償を求める民事訴訟を大阪地方裁判所に提起した。地裁では敗訴だったが、二〇〇六年一〇月、大阪高裁では一部勝訴となり、事件は終結した。

浜松でアナ・ボルツさんに会ったときの彼女の発言が忘れられない。「こんな典型的な人種差別があるのに、なぜ日本には人種差別を規制する法律がないの。ブラジルにだって、ありますよ」と。

後で入手したブラジルの法律(一九八九年)には、「商業営業所へのアクセスを拒絶又は阻止し、顧客又は購買者への接客、応対又は応接を拒否する。刑罰、一年以上三年以下の禁錮刑に処する」とあった。

個々の裁判では限界があり、やはり新しい法律の制定が必要なのではないだろうか。

VI 「黒船」となったインドシナ難民

「ベトナム難民」を機に，日本はさまざまな人権条約を批准．その条約にもとづき国連に報告書を提出し，審査を受け，「総括所見」が公表される．それらをまとめた出版物が，80年代以降，多数刊行された．

差別撤廃への挑戦は、一九七〇年代の大きな特徴であった。そのなかに加えるべき事件のひとつに、在日韓国人の「年金裁判」がある。事件については、『国籍差別との闘い』(凱風社、一九八四年)がまとめられているが、簡単に紹介しておきたい。

国民年金裁判

原告となったのは、東京の荒川区に住む金鉉鈞《キムヒョンジョ》さん(一九一〇年生)で、一九二三年にいちど渡日するが関東大震災に遭《あ》い、いったん帰郷。一九二四年七月に再度渡日して、大阪でボール箱製造職人として働き、のちに鞄《かばん》製造に従事した。

一九六〇年一〇月、日本に国民年金制度が実施されたとき、荒川区役所の国民年金勧奨員から、国民年金への加入を勧められる。応対に出た妻の李奉花《イボンファ》さんは、「自分たちは韓国人だから」と断ったが、「日本に永住するなら加入しなければならない。加入したほうが得」と説得され、加入手続きをとる。以降、足かけ一二年にわたって保険料をかけつづけた。

一九七六年一〇月、年金の支給が受けられる六五歳になったので、妻の李奉花さんが区役所を訪れ、年金の請求手続きをとろうとしたところ、「韓国籍だから資格なし」と断られた。東京都庁、さらには厚生省にも足を運んだが、らちがあかない。東京都は、「保険料過誤納額還付通知書」を送ってきただけである。要するに、「誤適用」であるから、今まで納めた保険料を返せば、それで済みだ、というのである。

こんな扱いを受ければ、誰しも腹をたてるであろう。しかし、金さんをして裁判をも辞さずという気持ちにさせたのは、次のようなことがあったからかもしれない。前に述べたように「韓国籍だから資格なし」と断られたとき、妻の李奉花さんが抗議すると、年金課係長は「他人の国に来ていて、ゴチャゴチャ言わないほうがよい」、「なぜ戦争が終わったとき、すぐ韓国へ帰らなかったのか」と言い放ったという。

かくて、「泣き寝入り」を返上するまたひとつの挑戦が始まったのである。前段階の行政不服審査をへて、東京地方裁判所に提訴されたのは、一九七九年七月のことである。この件では、裁判の始まる前の七七年一〇月、早くも「在日韓国・朝鮮人の国民年金を求める会」という市民運動が生まれていた。

原告の主張は、(1)同じ納税の義務を負う外国人を、「国籍条項」によって排除することは憲法にいう「法の下の平等」に反する、(2)たとえ、それが受け入れられなくとも、足かけ一二年ものあいだ、保険料を納入した金さんは、「確約の法理」(将来必ず実行するという約束の法理)によって保護されるべきである、に要約される。しかし、東京地裁は、一九八二年九月二二日、金鉉釣さん敗訴の判決を下した。

「国民年金制度のような社会保障に関する権利、いわゆる社会権については、もっぱら権利者の属する国家によって保障されるべき性質の権利であり、当然に外国によっても保障されるべき権利を意味するものではないから、外国人に対し自国民と同様に社会権を保障しなくても、憲法第一四条〔法の下の平等〕に違反するものではない。〔中略〕原告は外国人であって、もともと被保険者資格を取得しえないのであるから、〔中略〕かかる〔確約の〕法理に基づき本件処分の違法をいうことは許されない」(『判例時報』第一〇五五号、一九八二年)。

なんとも〝木で鼻をくくった〟ような、裁判所の見識を疑いたくなる判決である。

事件は東京高等裁判所に控訴され、一年後の一九八三年一〇月二〇日、こんどは「逆転勝訴」の判決が言い渡された。

「控訴人〔金さん〕は、自己に国民年金被保険者の資格があると信じ、将来被控訴人〔国側〕が老齢年金等の給付をするものと期待し信頼して、右期待、信頼を前提に保険料の支払を続けたことが明らかであり、〔中略〕控訴人の右信頼に反してまで国籍要件を維持、貫徹する必要性が公益上存するものではないと解される。してみれば、控訴人と行政当局の間で生じた信頼関係を行政当局は覆すことはできないから、〔中略〕被控訴人は、控訴人のした老齢年金の裁定請求に対し、右〔国籍〕要件が充足されていないことを理由として、これを却下することはできない」(『判例時報』第一〇九二号、一九八三年)。

保険料だけとっておいて、いざ年金を受給する段になって資格を取り消す、という「行政」に、やっと「司法」が一矢をむくいたのである。国側はついに判決に服したため、金さんは請求から七年かかってようやく年金を手にした。

じつは同じような「誤適用」は、全国で八〇件にのぼっており、いずれもこの判決にならって救済がはかられた。しかし、勝訴した控訴審判決ではあったが、国民年金法における国籍による差別の問題は不問に付したまま、「誤適用」については救済する、というものにすぎなかった。

ベトナム難民の衝撃

金鉉釣さんが勝訴したとき、じつは、国民年金法における国籍による差別は撤廃されていたのである（判決は、金さんの資格が取り消された時点の旧法について判断）。その撤廃に力があったのは、意外なことにベトナム難民の発生という、まったく別の出来事であった。

一九七五年四月三〇日、南ベトナムのサイゴン市（現在のホーチミン市）が陥落し、南北ベトナムは統一された。しかし、誰しも予測できなかったかもしれない「難民」が、大量に流出することとなる。当初のボート・ピープル（海路）からランド・ピープル（陸路）、さらにはエアー・ピープル（空路）と拡大し、ベトナムだけでなくラオス、カンボジアからも脱出がつづき、インドシナ難民問題にどう対応するかは、国際社会の大きな課題となった。

一方、ベトナム難民が発生した一九七五年、主要先進国首脳会議(サミット)が発足(当初は六カ国、その後は八カ国に)。以降毎年開かれるサミットには、日本の首相も列席することとなる。日本とベトナムはそれほど近くはないが、地球規模で考えると〝目と鼻のさき〟の距離にあたる。他のサミット参加国は、北アメリカおよびヨーロッパの諸国であり、いずれもベトナムからはるか遠い国々である。

日本は一時滞在を認めるだけでは済まなくなり、新たなる対応を迫られた。一九七八年四月、当時の福田赳夫首相は訪米直前になって、ついに「定住許可」の方針を打ち出した。翌年四月には、初めて定住枠「五〇〇人」が発表され(その後徐々に拡大されて、一九九四年一万人に)、さらにその対象も「ベトナム難民」から「インドシナ難民」に拡大された。また、アジアの難民キャンプに収容されている人びとのうち、一定の条件を備える者についても、日本が引きとり、定住を認めることとした。

そして、定住を希望する難民に対し、日本語教育や職業訓練や職業紹介をおこなうための「定住促進センター」(神奈川県と兵庫県の二カ所)、また一時滞在施設として「大村難民一時レセプション・センター」(長崎県)や「国際救援センター」(東京都)も設置された。

日米首脳会談、毎年のサミット、さらにはインドシナ難民国際会議(国連主催)など、重要な外交日程のたびに、難民政策の手直しが積み重ねられた。しかし、国際社会の眼はきびしく、やがて日本の外国人政策に大きな問題があることを見抜くようになる。

前に述べた金敬得君の司法修習問題（一九七六～七七年）も、電電公社入社に際しての国籍要件撤廃（一九七八年）も、ちょうどこうした時期と重なっていた。

仏紙『ル・モンド』（一九七八年五月二五日）は、在日朝鮮人や在日中国人への差別が、日本の難民受け入れ消極策の背景になっていることを指摘した（邦訳は『ベトナムの顔』第三号、一九七八年所収）。また、英紙『ガーディアン』も、「日本人は〝純粋な〟もしくは無意識の人種差別主義者であり、彼らがこの国にも〝人種問題〟が存在すること、ないし他民族に対する彼らの態度に何かが欠けていることを認めない限り、事態の改善は望めない」と、指摘した（『読売新聞』一九七九年八月一三日）。

公共住宅の開放

当初の一時滞在許可ならいざ知らず、定住許可政策を打ち出した以上、これらの定住難民は、日本に生活するほかの外国人と基本的には同じ地位や処遇に置かれることになる。しかも、日本の国籍法が（生地主義でなく）血統主義をとっているだけに、難民も外国人として日本で世代の交代をくり返すことになる。

しかし、当時は国民健康保険に加入できる自治体ばかりとは限らなかった（外国人の加入は原則不可、一部の自治体が例外的に門戸を開いていた）ので、外国人が病気になっても自費治療を余儀なくされることも多かった。

子どもの養育を手助けする児童手当(二〇一〇～一二年は子ども手当)、児童扶養手当(母子家庭など)、特別児童扶養手当(障害児をもつ家庭など)などの制度があっても、それらはいずれも「日本国民」に限られていた。少しでも安い住宅を、と思っても、公団住宅などは外国人は入居できず、一部の自治体が公営住宅の入居資格を認めていたにすぎない(これも、七〇年代の民族差別を撤廃する運動によって開放)。

子どもがスポーツが得意でも、国民体育大会の出場資格は外国人に認められなかった。中国籍の王貞治選手が、早稲田実業の投手として一九五七年春、甲子園では優勝しても、「静岡国体」ではスタンドでの観戦を余儀なくされたのは有名な話である(その後、民族差別を撤廃する運動によって、一九八一年から「高校生」に、九〇年になって「大学生」に門戸開放)。

私立学校のなかには、外国人の出願を拒否するところがあったが、文教行政がその是正にのり出したという話は聞かない。また、法律で制限されているわけでもないのに、数多くの公務員職(たとえば公立学校教員)が外国人を排除していた。

ほそぼそながら難民を受け入れるようになって、日本政府はのばしのばしにしていた人権に関する国際条約への加入を進めざるをえなくなった。そして、一九七九年、国際人権規約(一九六六年、国連採択)の批准に際しては、国内法の改正は何ひとつおこなわなかったが、それでも**図Ⅵ－1**をみると公共住宅関係の四つの法律を運用するうえでの「国籍要件」が撤廃され、

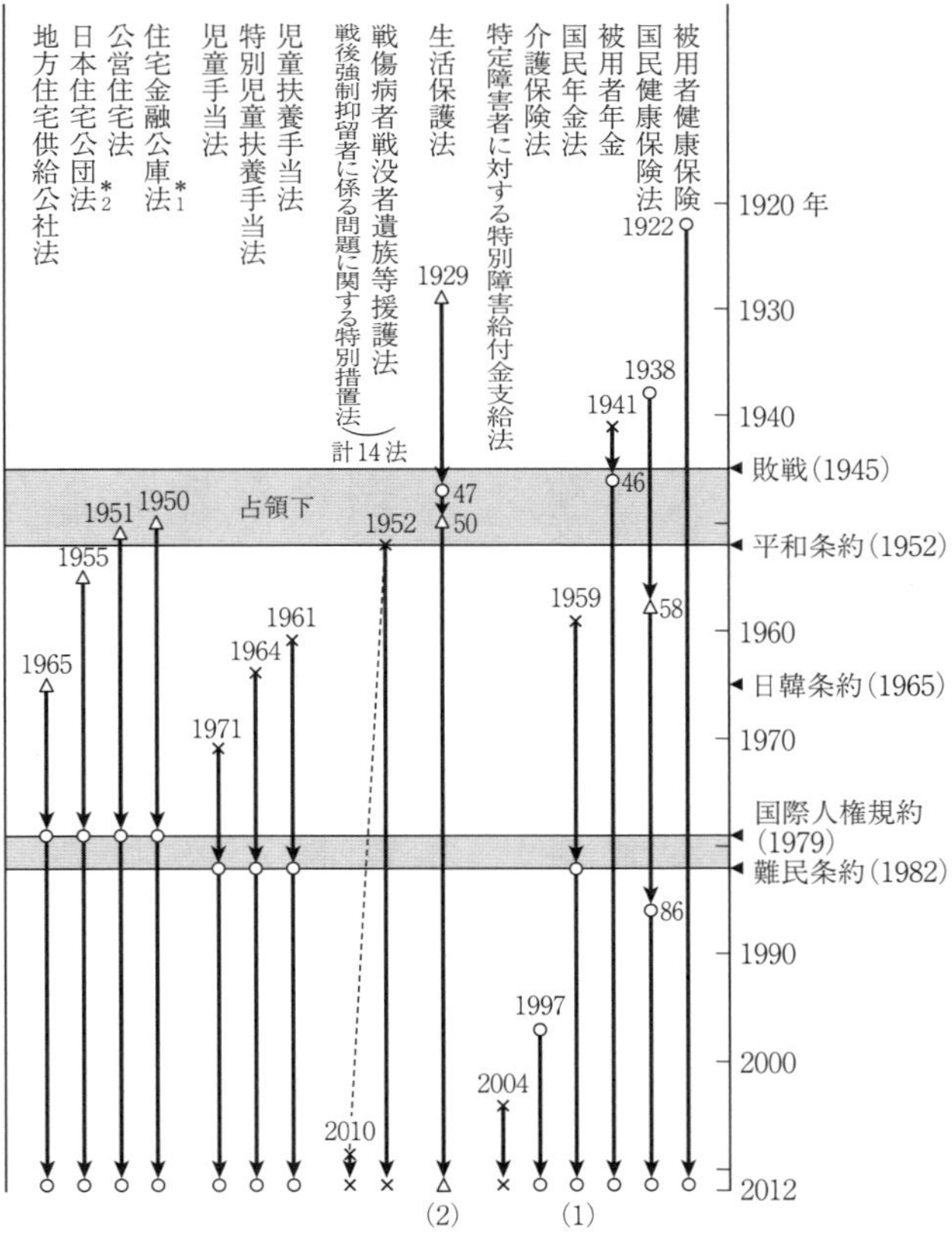

○印は国籍条項がなく外国人に開放，△は国籍条項はないが運用上外国人を排除，×は国籍条項により外国人を排除.

(1) 国籍条項は撤廃されたが，経過措置が不充分なため無年金者が生まれた.

(2) 外国人への支給は権利としてではなく，恩恵であるとされている.

*1　2005年，独立行政法人住宅金融支援機構法に移行.

*2　1981年，住宅・都市整備公団法に，1999年都市基盤整備公団法に，2003年独立行政法人都市再生機構法に移行.

図 VI-1　社会保障立法にみる外国人処遇の推移

外国人にその門戸が開放された。

国籍要件と国籍条項

国籍を理由とする排除には、法律に外国人を排除する明文規定をもつ場合と、法律上には明記されていないが行政先例などで外国人を排除する場合がある。前者については「国籍条項」、後者は「国籍要件」とする（一一三ページ）。

別の角度から見れば、「国籍条項」は、国会でそれを削除することによって外国人に適用されるが、「国籍要件」の撤廃は、こうした手続きは必要なく、行政庁などが通達などによって外国人に適用するとの方針変更をおこなえばいい。図Ⅵ－1では、脚注にあるように、国籍条項がなく外国人に開放されたものに○印、国籍条項はないが運用上外国人を排除するものに△印を付した。

従来、各法令は「国民生活の安定と社会福祉の増進……」（公営住宅法および旧日本住宅公団法の各第一条）とか「国民大衆が健康で文化的な生活を営む……」（旧住宅金融公庫法第一条）のなかの、「国民」を〝口実〟に外国人を排除してきたのである。

しかし、一九七九年九月、日本が国際人権規約（社会権規約と自由権規約）に加入したことを受けて、翌年二月、建設省ないし大蔵省（いずれも当時）は、外国人に門戸を開放するようにとの通達を出した。その通達文は、いずれも「諸般の情勢にかんがみ……」と述べているが、それが国際人権規約加入を指していることは明らかである。

難民条約の批准

次は、難民条約（一九五一年、国連採択）の批准である。国際人権規約に比べて、難民条約はより厳格な条約といわれており、その内容と矛盾する国内法があれば、それは改正を余儀なくされる。

とりわけ、この条約が社会保障について「内国民待遇」を求めている（第二四条）ことは、日本の社会保障制度における排外性を直撃することとなる。日本の社会保障における外国人処遇の推移を掲げておく（前出の図Ⅵ－1）。

難民条約の批准（一九八一年）にあたっては、いくつかの法改正をおこなうこととなった。図Ⅵ－1に見るように、結局は国民年金法および児童手当に関する三法の「国籍条項」がそれぞれ削除され、外国人にも適用されることとなった。

また、出入国管理令第二四条（退去強制事由）第四号のハ、ニ、ホも、それぞれ削除された。すなわち、ハンセン病患者、精神障害者および公共負担者（生活保護受給者）であることを理由に、外国人が国外追放されることはなくなったのである。

外国人の社会的弱者は国外追放にするという、おぞましい制度にやっと終止符が打たれた。序章で紹介した、病気になって医療扶助を受けた留学生を国外追放にした根拠条項が、インドシナ難民のおかげで、ついに六法全書から消えたのである。なお、この法改正のとき、法律名が「出入国管理及び難民認定法」になった。

「日本国民」から「日本住民」へ

当初、厚生省（当時）は社会保障における国籍条項の削除に反対であり、難民条約が社会保障について「内国民待遇」を保障している条項は、「留保」することを条約加入の条件にしたといわれる。

たとえば、「橋本（龍太郎）厚相は、閣議後の記者会見で、インドシナ難民の受け入れ問題に関連して厚生省としては、ほかの在日外国人の法的地位に関連してくるような問題には慎重にならざるをえないと述べ、国民年金への難民の加入などについて否定的な見解を示した。これは、在日韓国人や朝鮮人に対して国民年金への加入を認めていないことをふまえたもの」と伝えられた（『朝日新聞』名古屋本社版、一九七九年六月二七日夕刊）。

翌年、富士見産婦人科病院事件に関連して辞任した斎藤邦吉厚生大臣のあとをついだ園田直《すなお》厚生大臣は、外務大臣時代に国連のインドシナ難民国際会議（ジュネーブにて）に出席しており、ついに国籍条項削除の政治的決断をした。新聞が、当時の厚生省事務当局を「難攻不落の〝二〇三高地〟」と称していただけに、その決断の意味は大きい。

難民条約批准にあたっての社会保障における国籍条項の削除、および出入国管理令の退去強制事由の一部削除は、いずれも制度的な外国人差別に痛烈な〝一撃〟が加えられたことを意味する。

日本の従来からの社会保障制度は、すべて「日本に住所を有する日本国民」のみを対象にしてきた。居住要件を設けることによって「在外邦人」を、国籍条項、または国籍要件を設けることによって「在日外国人」を、ともに除外してきた。

すなわち、旧法は、在外邦人の社会保障は「相手国」にお願いしながら、在日外国人のそれは「その本国」に押しつけるというものだった。

それが、在外邦人は相手国に託するかわりに、在日外国人は日本社会の仲間として扱う、ということにやっとなったのである。

日本人と同様に「納税の義務」を負う在日外国人を除外してきたことは、共同の負担を財源に、相互扶助を理念とする社会保障制度が、排外主義に冒されていたことを示している。日本社会の構成員を「国民」に限定するという歪んだ発想に、〝頂門《ちょうもん》の一針〟が放たれたのである。

こうして、たとえば国民年金法は、法律名こそ変わらないが、その「国民」は、現在では「日本国民」ではなく、「日本住民」を意味しているのである。

この章の冒頭に述べた金鉉鈞さんの一審敗訴判決は、「社会保障に関する権利、いわゆる社会権については、もっぱら権利者の属する国家によって保障されるべき性質の権利であり、当然に外国によっても保障されるべき権利を意味するものではない」と述べていた。また、憲法の教科書も、外国人の生存権については、「それらを保障する責任は、もっぱら彼の所属する国家に属する」との見解が有力のようであった（宮沢俊義『憲法Ⅱ新版』有斐閣、一九七一年）。

こうした考えは、在外邦人を除外している現状を批判するのではなく、もっぱら在日外国人の排除を〝正当化〟するために機能してきたのではなかろうか。しかし、国籍条項、または国籍要件の削除、撤廃によって実現した基準は、それらが「国籍」によるのではなく「居住」によるべきことを物語っている。

「日本に住所を有する日本国民」から「日本に住所を有する〔すべての〕者」への転換は、文字どおり日本社会の〝構成原理〟に重大な変更をもたらしたのである。

こうした転換が、植民地支配にかかわる日韓条約によってではなく、インドシナ難民という「黒船」によってしか実現しなかったことは、銘記されるべきであろう。図Ⅵ－1の「占領下」にあたる部分には、少なくとも×印のものはないが、主権を回復するとつぎつぎと×印または△印のものが生まれ、それが一九八〇年をはさんだ二つの条約加入によって、大きく修正されたことは一目瞭然である。

年金に老後を託せるか

すでにⅣ章で見た一群の戦争犠牲者援護立法では、依然として「国籍条項」がそのまま存続している。また、国民年金法の改正は、後に見るように大きな問題を残したままである。

国民年金は、二〇歳から六〇歳までのあいだに二五年間、保険料を積み立てないと年金が受給できない制度である。したがって、国籍条項が削除された時点〔一九八二年〕で、すでに三五歳をこえている外国人および二〇歳をこえている外国人障害者は、いずれも無年金のまま放置されることとなった。

一九八五年四月の法改正によって、翌年四月の施行時に六〇歳未満の外国人は、年金の受給資格だけは得られたものの、年金額の計算期間には算入されないため（カラ期間）、その年金額は年齢が高ければ高いだけ、日本国民とのあいだにそれに見あう格差が残ることになった。

高年齢であればあるほど、それだけ植民地時代の辛酸をなめた人びとであることはいうまでもない。外国人の若壮年層に即していえば、自分たちの納めた保険料が親たちの世代に支給される年金にあてられるという〝循環〟は成立しないことになる。

また、国籍条項の削除時に、すでに障害状態、母子状態などにあった外国人は、日本国民のように「障害福祉（基礎）年金」を受けることはできない。難民条約との抵触をとりあえず避けるものではあっても、従来の排外主義が生み出した〝歪み〟の是正をはかろうとするものではなかった。

一九八四年に神奈川県が実施した貴重な定住外国人実態調査（『日本のなかの韓国・朝鮮人、中国人』明石書店、一九八六年として出版）では、「老後の生活の見通しは」との設問に、こう答えている。六五歳以上の回答者について見ると、「子どもなどの収入」三九・二％、「自分の仕事」一八・六％、「社会保障」一七・六％などで、「年金」と答えたものはわずかに一〇・八％である。六五歳以上の回答者にとっては「見通し」は「現実」を意味していよう（なお、「社会保障」は、生活保護を指すものと思われる)。

「国民皆年金」の国に暮らす外国人——それも、もっとも多いのは在日朝鮮人——の置かれた〝冷厳な〟事実は何によるのだろうか。前に見た戦傷者の石成基さんは、障害年金も、そしてこの国民年金も支給されないままに放置されていたのである。

無年金問題

私が京都の大学に移ったのは二〇〇〇年のことであるが、同年三月、「在日」の無年金障害者金洙榮《キムスヨン》さん(一九五二年生、はしかの後遺症で聴覚障害者に)ら六人が京都地方裁判所に年金支給などを求めて提訴した。金さんは、国民年金法の国籍条項が削除された一九八二年、区役所に足を運んだがダメといわれたという。難民条約関係法の整備に関する法律(一九八一年)には、無年金者が生まれないための経過措置が設けられなかったからだ。

児童手当などは国籍条項が削除されればすぐ外国人にも支給されるが、年金についてはそうはならない。したがって、通常は無年金を避けるための経過措置がとられる。たとえば、小笠原、沖縄復帰時、中国帰国者、拉致被害者の日本帰国時に、それぞれ国民年金法に必要な経過措置が設けられたのである。

この京都の訴訟についで、二〇〇三年一一月には大阪で無年金の高齢者が、二〇〇四年一二月には京都で、さらに二〇〇七年九月には福岡で、それぞれ提訴したが、いずれも高裁、最高裁と敗訴がつづいた(福岡訴訟のみ上告中)。そのどれもが、本章冒頭に紹介した東京地裁判決と大同小異だった。日本の司法は、国籍差別を是正する機能を失ったかのようだった。

日本が批准した国際人権規約や人種差別撤廃条約には、定期的に国連に報告書を提出し、各委員会で審査を受け、その結果が「総括所見」として発表される（本章の扉写真）。

最新の、自由権規約委員会の総括所見（二〇〇八年一二月）は、次のように指摘した。

「締約国（日本）は、外国人を国民年金制度から差別的に排除しないことを確保するため、国民年金法の年齢制限規定によって影響を受けた外国人のため経過措置を講ずるべきである」（パラグラフ30、日弁連訳）と。

無年金問題に関しては、学生無年金訴訟がある。かつて、学生と主婦は年金加入が任意だったが、そのとき未加入だったため障害者となっても障害年金が支給されなかった。その後、一九八五年と八九年の法改正により、いずれも強制加入に変わったとき、こうした無年金障害者を救済しなかったことは、法の下の平等に反するとして、一〇件の裁判が提起された。二〇〇四年三月、東京地裁で、同じ年の一〇月には新潟地裁で、いずれも国の立法不作為との原告勝訴の判決が言い渡された。

この判決を受けて、国会では救済立法が提案され、この年一二月、「特定障害者特別障害給付金支給法」が制定されたが、金洙榮さんたち外国人障害者はそこでも除外されてしまった。

野党の民主党は、外国人障害者をも含む法案を議員立法で提出したが、それは退けられ、現在の法律が成立した。二〇〇九年九月、民主党は政権の座についたが、外国人を救済する立法をすることなく、二〇一二年一二月政権を自民党、公明党にゆずった。

学生無年金訴訟は、任意加入の時代に未加入で無年金になったケースだが、外国人の場合は加入したくても「国籍条項」ゆえに加入できなくて無年金になったのである。にもかかわらず、日本人には勝訴判決が生まれ、救済立法にもつながったのに対し、外国人の場合は敗訴判決に終始し、救済立法からも排除される。この現実は、どう考えたらいいのだろう。

国レベルの司法府および立法府は、外国人無年金者にまことに冷たい対応をつづけている。

京都の金さんたちを支援する市民運動は、一方で自治体に対して給付金の支給を求めた。京都市はまず一九九四年「外国籍市民重度障害者特別給付金」の支給をはじめ、ついで一九九九年「高齢外国籍市民福祉給付金」の支給をおこなった。

さらに、二〇〇三年には京都府議会に、在日外国人無年金者の救済を求める請願書が提出され採択された。翌年、「京都府在日外国人高齢者・重度障害者特別給付金支給要綱」が制定された。

二〇一三年現在、京都府が障害者に月二万円、高齢者に七五〇〇円を支給。京都市の給付金を加えると、障害者に六万一三〇〇円、高齢者に二万四五〇〇円が毎月支給されている。本来の年金に比べればなお低額であるが、当事者にとってはせめてもの救いである。しかし自治体がこうした措置をとっているところは、さほど多くない。

国籍法の改正

難民条約とは性格の違う、もうひとつの「黒船」にも触れておきたい。国連総会は一九七五年の「国際婦人年」を受けて、一九七九年末、「女子差別撤廃条約」を採択した。翌八〇年七月、デンマークのコペンハーゲンでおこなわれた署名式典には、当初参加をみあわせていた日本政府だが、内外の批判を受けて、結局、高橋展子代表(デンマーク大使)を派遣し、署名した。

日本政府が署名を躊躇《ちゅうちょ》したのは、雇用、教育(家庭科学習)、国籍などに関して国内法整備の見通しがつかない、とみていたからといわれる。しかし、結局は一九八五年、同条約に加入するとともに、男女雇用機会均等法の制定や国籍法の改正などに踏みきった。

国籍法は、外国人と日本国民とのあいだの〝境界線〟を定める法律ともいえる。

女子差別撤廃条約は、「締約国は、国籍の取得、変更及び保持に関し、女子に対して男子と平等の権利を与える」(第九条一項)、つまり、子の国籍取得について、父母は平等、でなければならないのである。

日本の国籍法が「父系血統主義」をとっていたため、外国人と結婚した日本人の母は自分のお腹を痛めても、その子に日本国籍を継承させることはできなかった。そのため、自分の子どもが「無国籍」になることもあった。

沖縄からは、在日アメリカ兵とのあいだのこうした事例が報告されていた。生地主義をとるアメリカは、外国で生まれた、アメリカ人と外国人とのあいだの子について、アメリカ人の親が一〇年間アメリカに居住(そのうち五年間は一四歳以上であること)していないと、その子にアメリカ国籍の取得を認めない、からである。

一九七七年二月、国会で女性議員が国籍法の男女差別をとりあげたとき、法務省は「是正の意思なし」とそっけない答弁をした。しかし、同年末には、国籍法は違憲であるとの訴訟が東京地方裁判所で始まり、七九年三月には、外国人と結婚して日本に住む日本の女性たちのあいだに「国際結婚を考える会」が生まれ、法改正を求める動きに拍車がかかった。

そして、一九八三年二月の「国籍法改正に関する中間試案」をへて、ついに国籍法が改正され、八五年一月から施行された。

法改正の影響は、主として漸増する国際結婚のケースにあらわれる。ちなみに、在日韓国・朝鮮人について、一九九二年統計を見ると、結婚相手の八一・四%は日本人となっていた。

このように、国籍法に両性平等が導入され、「父又は母が日本国民」の子は、すべて日本国民となった。また、帰化要件における男女差別も撤廃された。

さらに、改正法では、すでに出生している日本人の母から生まれた二〇歳未満の子には、さかのぼって父母両系主義が適用され、改正後三年間に限って「届出」によって日本国籍が取得できる「経過措置」が設けられたのである。これによって、約三万人(半数は韓国・朝鮮人)が日本国籍を取得した。

従来の日本国籍取得は「帰化」によるしかなかったが(二〇一二年末までの帰化数は約四九万人、うち約三四万人が韓国・朝鮮人)、届出による取得は日本政府がそれを認めるかどうかについて介入する余地のない点が大きな特徴である。

表Ⅵ-1　国籍法改正前後の在日韓国・朝鮮人の人口動態(単位：人)

年	出生	死亡	帰化	届出	増減
1984	9,363	3,383	4,608	—	+1,372
85	4,838	3,417	5,040	5,413	−9,032
86	4,864	3,446	5,110	3,107	−6,799
87	6,161	3,586	4,882	7,101	−9,408
88	5,986	3,822	4,595	888	−3,319
89	5,426	3,765	4,759	252	−3,350

「届出」は「届出による日本国籍取得」の意味．なお経過措置がとられたのは，85〜87年の3年間．85年以降の出生数の減少は，母日本人の子が日本国民となるため．
出典：厚生省『人口動態統計』(各年)および『法曹時報』に毎年発表される法務省統計より作成．

国籍法改正は、在日韓国・朝鮮人の人口動態に一定の変化をもたらした(表Ⅵ-1参照)。

認められた「外国姓」

日本では「国籍」と「戸籍」が密接に関係しているため、国籍法の改正と同時に戸籍法も改正され、その結果「外国姓」が認められることになった。

すなわち、(1)配偶者の「外国姓」を戸籍上の「氏」とすることができる、(2)親の「外国姓」を子の戸籍上の「氏」とすることができる、という点である。

従来は、帰化許可の〝関門〟において「日本的氏名」が事実上強要され、日本の氏名秩序が維持されてきた。しかし、一九八五年施行の法改正によって、届出による日本国籍の取得が登場し、さらに外国姓の使用も可能になったため、その一角が崩れたことはいうまでもない。

法改正の影響は、微妙なかたちであらわれた。たとえば、「帰化手続き案内」から、「日本的氏名を使用すること」との指示が消えた。また、「届出により〔日本〕国籍を取得した者の名について、〔中略〕制限外の文字を用いて差し支えないとされたので、帰化者の名に用いる文字についても、この例外を認めて差し支えない」（『民事月報』一九八四年一〇月号）とされた。

もちろん、外国姓を使用するかどうかは、すべて当事者の判断にゆだねられている。従来からの日本社会の体質を考えるとき、急に多くの人びとが外国姓を選ぶことにはならないかもしれない。

しかし、一見して外国人だとわかる人ほど、外国姓を選ぶ可能性が高いであろうことは、充分予想される。日本名にしたところで、〝ガイジン〟と見られることには変わりないだろうからである。「スミス太郎」君は〝日本国民〟であり、「田中花子」さんは〝外国人〟であるかもしれない。教壇に立つ教師は、すでにそうした生徒を前にしているかもしれないのである。

いずれにしても、やがては「外国姓をもつ日本国民」が日本社会でふつうである日がやってくるだろう。

国籍法が改正される以前の一九八二年夏、私は大阪で小さなグループと一夜を語り明かしたことがある。その人たちは、ある人は「帰化」したため、ある人は日本人母の戸籍に入っているため、いずれも「日本国籍」をもつ在日朝鮮人である。そして戸籍上は「日本名」であるが、日常生活では「民族名」を使用している人びとである。したがって、彼（女）らにとっては、「日本名」が〝本名〟であり、「民族名」が〝通称〟となっている。

民族の名をとりもどす

この人たちは、それぞれの思いを託して、戸籍上においても「民族名」をとりもどすべく、日本の家庭裁判所に「氏の変更」申し立てを試みた。しかし、一九八四〜八五年にかけて、いずれも却下された。そこで八五年末には「民族名をとりもどす会」を発足させて、本格的に、この問題を追求することとした。彼（女）たちは「外国人登録証」はもたないが、日本における民族差別に別の角度からメスを入れようとしていたのである。

一九八七年から八八年にかけて、彼（女）たちはそれぞれ二回目の挑戦を試みた。そして、最初に挑んだ朴《パク》〔新井〕実《シル》氏は、八七年六月、京都家庭裁判所で、ついに民族名をとりもどすことに成功し、その戸籍は「新井」から「朴」に変更された。

家裁の審判文は、いみじくも「前審判後、国籍法の改正があり、前記〔帰化手続きの〕手引書から〝日本的氏名〟の指導文句が削除されていること〔中略〕等を勘案すれば、本件申立は〔中略)容認するのを相当と認める」とあった。かつて却下された人びとも、すべて二回目で目的を達成したばかりか、その後も新しい人びとが民族名をとりもどした(『民族名をとりもどした日本籍朝鮮人』明石書店、一九九〇年)。

国会議員をめざした新井将敬氏が、そのポスターに「北朝鮮から帰化」との〝黒シール〟を貼られる事件がおきたのは、一九八三年のことである(TBS系『帰化・日本人への道』一九八三年七月五日放映)。しかも、それは同一選挙区のライバル代議士の公設秘書によっておこなわれていた(発覚後、秘書は辞職)。これが日本におけるひとつの現実であり、日本籍朝鮮人が自己主張を掲げて登場する背景が何であるかを、物語っている。

帰化時の指紋、ついに廃止

「民族名をとりもどす会」が、かつて帰化手続きの際にとられた指紋の返還または破棄を求めることを提起したのは、外国人登録の指紋押捺拒否に触発されたからである。外国人登録の指紋押捺は法に定めがあるが、帰化申請時のそれには法的根拠はなかった。

一九九一年五月、朴実さんら三人の帰化者は、帰化申請のときに指紋をとり、それを保管するのは人権侵害だとして、国を相手に、とられた十指指紋の返還または破棄を求める裁判を、京都地方裁判所に提起した。

法的根拠がないだけに、国側はとりあえずは「採取は任意である」(拒否して帰化許可が得られる余地があるだろうか)と答弁するしかなく、困惑は隠しきれなかったようだ。「じつは、九二年末をもって指紋採取は廃止した」という爆弾発言が国側から出たのは、第六回公判(一九九三年三月)のときだった。そして、九四年四月の第一〇回公判で、ついに国側は、次のことを裁判所に表明した。

一、一九九四年四月から九九年三月までの間に、原告を含む帰化した者全員の指紋原紙を破棄する。なお、いかなる方法によっても採取した指紋は保存しない。

二、廃棄するまでの間、指紋原紙は犯罪捜査等、帰化に関する目的以外の使用をしない。

そして原告側が裁判をとり下げることで事件は終結した。〝三人の闘いが帰化した二二万人の勝利〟につながったのである(『読売新聞』一九九四年四月二八日)。

一九七〇年代に入ってあらわれた民族差別の撤廃に向けての新しい潮流が、「内なる告発」とすれば、七五年のインドシナ難民なりサミットの発足は、さしずめ「外からの告発」として対比されよう。外で外国籍を得るときは、しばしば「日本姓」を維持しているのに、内で外国人が日本国籍を得るときは「外国姓」を拒否してきたのが、今までの日本人の姿である。名前を見れば国籍がわかる、というのも、日本独特の現象ではなかろうか。

日本語には、「自分」の対概念としての「他分」は見当たらない。しかし、日本に、「他分」が芽ばえ、明治以来の「自分」だけの社会は、終わりを告げようとしているのである。それが「黒船」によってもたらされただけに、どれほど日本社会および日本人が、そのことに気づいているだろうか。

Ⅶ　国際国家のかけ声のもとで

大阪で開かれた「多民族共生教育フォーラム」では，外国人学校に学ぶ子どもと，日本の学校で学ぶ子どもとの交流の場がもたれた。その閉会式で檀上にあがった子どもたち(提供：月刊イオ編集部)

留学生一〇万人計画

一九七二年、アジア文化会館から愛知県立大学に移ってからも、留学生問題への関心は消えるべくもなかった。サミットがスタートしてまもない七七年春には、「国際学友会事件」が起きている。一九三五年設立の長い歴史をもつ、外務省外郭団体の財団法人国際学友会（現在は、財団法人日本国際教育支援協会）は、唯一の国庫補助を受ける私費留学生受け入れ団体（日本語学校＝東京、大阪。留学生寮＝東京、大阪、京都、仙台）であったが、経営難から東京本部（新宿）の土地約半分を売却し、そこに住んでいた留学生を追い立てる、という信じがたい事態が起きたのである。

私も現場にかけつけたが、そのとき、給湯、給電、給水が止められ、真っ暗ななかで、空き部屋になった隣室の入口のドアが五寸クギにより封をされるのにじっと耐えていた留学生の姿は、今も忘れられない。当時の福田赳夫首相は、その直後、東南アジア各国を歴訪し、福田ドクトリンを唱え、「心と心のふれあい」を説いたのである。

一九八二年冬、「教科書問題」が一段落して間もなく、新たに中曽根康弘内閣が登場した。当時、日本の首相は判で押したように二年ごとに交代していたが、中曽根内閣は八〇年代のちょうど中葉の五年間つづいた。

中曽根首相は一九八三年五月、東南アジアを訪問したとき、日本留学生のＯＢ・ＯＧと面談した。その際、「皆さんもそろそろ、子どもさんが留学の年を迎えますが、日本に留学させますか」とたずねたところ、「色よい」返事が返ってこなかったことにショックを受け、帰国後、留学生政策の見直しを発意したといわれる。

その年の六月、「二一世紀への留学生政策懇談会」（座長、川野重任日本国際教育協会理事長）が発足し、八月には「二一世紀への留学生政策に関する提言」が発表された。いわゆる「留学生一〇万人計画」の登場である。八四年六月には、「二一世紀への留学生政策の展開について」が発表され、「提言」をさらに敷衍《ふえん》した。「計画」策定時の日本の留学生数は、一万人に満たなかった。

日本はサミット参加国として、その留学生受け入れ数を飛躍的に増大させたかったのである。そして、九〇年代初めには西ドイツ（当時）、イギリスなみの五万人規模に、さらに二一世紀初頭にはフランスなみの一〇万人に、もっていこうというのである。

就学生の急増

「計画」への着手は一方で、いくつかの政策変更をもたらした。一九八三年六月二一日の閣議では、「留学生のアルバイト解禁」が決定された。すなわち、「留学生のアルバイトについては、学業を妨げない一定範囲のものは、その都度の資格外活動許可を要しないこととし、さらにその範囲を超える場合も、許可手続きを簡易化する」こととされた。また、その範囲は「週二〇時間（ただし、日曜、祝日および休暇期間は算入しない）以内で、法令または公序良俗に反するおそれのない仕事」とされた（なお、九〇年六月以降、ふたたび、すべて許可が必要となり、さらに「一日四時間以内」などに軌道修正された）。

ついで、一九八四年一〇月から、日本語学校の「就学生」についても、入国手続きの簡素化がはかられた。

それまでは、ビザを取得するには、日本の在外公館で申請し、それが外務省経由で法務省にいき、そこで審査を終えると、同じコースを逆にたどって日本公館に届き、初めて本人にビザが発給された。それを、日本語学校が日本で就学事前審査を申請し（その際、学校自身が身元保証人になることも可）、法務省の審査が終わると「事前審査終了証」が交付され、それを現地の本人に送ると、すぐにビザが在外公館で取得できることになった（その後、一九九〇年六月の改正入管法施行により、一般の「在留資格認定証明書」に一本化された）。

この簡素化の「効果」はてきめんにあらわれ、翌八五年には、就学生の入国数が前の年に比べて一挙に倍増している。このころから、「就学生」問題が出てくるのである。

次に、そのころの「就学生」の新規入国数の推移を見るために、**図Ⅶ－1**を作成してみた。比較するために、「留学生」の新規入国数を、さらに、日本語学校数の急増ぶりもあわせて掲

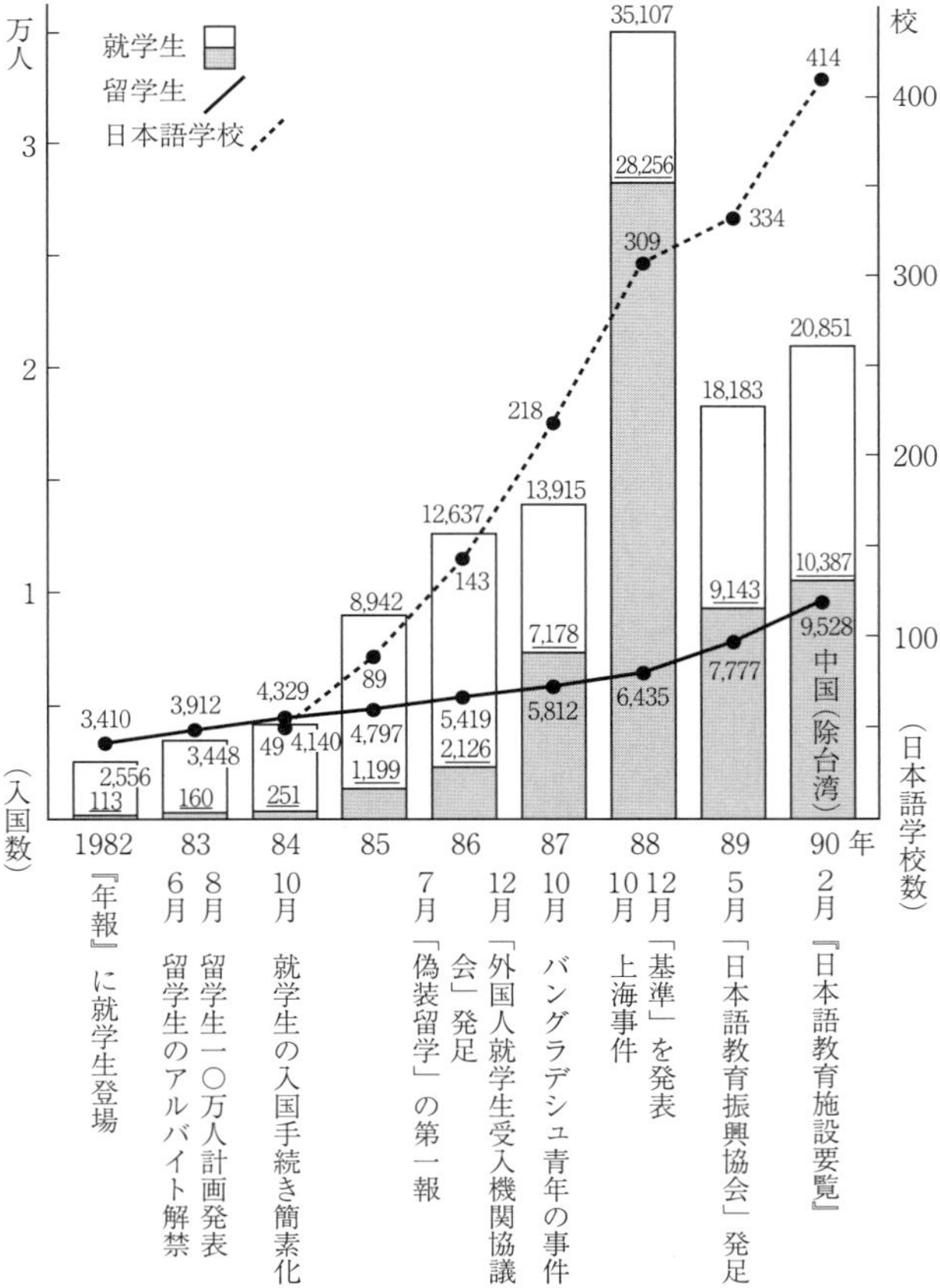

出典：法務省『出入国管理統計年報』(各年)．ただし，1990 年は法務省集計．アンダーラインがあるのは，中国(除台湾)からの就学生数．日本語学校数は，法務省調べ．ただし，90 年は日本語教育振興協会調べ．以上より作成．

図Ⅶ-1　「就学生」，「留学生」の新規入国数ならびに日本語学校数の推移げておく。なお、日本語学校数は法務省がビザの発給を認めた学校のみを示す(九〇年は、新しくできた、あとに述べる「基準」により認定された学校)。

「留学生」の新規入国数が漸増しているのに対し、「就学生」のそれは特異なかたちを示しており、そこには明らかに〝別の要素〟が加わっていることを物語っている。就学生の入国手続きの簡素化は、どうみても〝勇み足〟であったといえよう。なぜなら、すでに日本語学校の新設が始まっていたが、それらのなかには、かなり〝ズサン〟なものも多く、当時、すでにその問題が指摘されていたのである(たとえば、『週刊時事』一九八四年二月一八日号の特集)。しかも、アジアからの出稼ぎ問題もすでに登場していた(Ⅷ章参照)。

日本語学校と上海事件

日本語学校が〝雨後のタケノコ〟のごとく生まれたが、多くは個人経営や会社経営のもので、教育機関として充分審査されたものではなかった。日本語学校が、当時さかんに「法務省公認第〇〇号」(これがないと、ビザがもらえない)という広告を掲げるという奇妙な現象さえ見られた。日本での〝出稼ぎ〟を目的としたものを入国させるために、日本語学校を〝かくれみの〟として利用する事例も発覚するにいたった。

法務省はOBを送り込んで、一九八六年一二月、「外国人就学生受入機関協議会」(外就協)を作って間接的なコントロールを始めるが、さしたる効果もなく、事態はますますエスカレートした。

「四つの現代化」を掲げる中国の改革開放政策は、それまでの〝鎖国〟をやぶって、中国の若者は海外渡航の夢をふくらませた。それに加えて、日本との大きな所得格差は日本への〝出稼ぎ〟願望をつのらせた。しかし、当時、中国はまだ海外渡航を自由化しておらず、旅券取得のためには渡航目的を証明することが必要であり、その際、日本語学校への入学許可証がおおいに役立つことになった。

一方、日本語学校経営者やブローカーのなかには、入学金や授業料の名目で事前に多額の金銭を集めるものもあらわれ、違法募集のかどで日本語学校の事務長らが、上海市当局に拘束されるという事件も発生した。中国の若者たちは日本へのビザがなかなか出ないため、上海の日本総領事館前に押しかけた。これが「上海事件」である。

やっと日本政府も重い腰を上げ、予定をくりあげて、一九八八年一二月二三日、文部省が「日本語教育施設の運営に関する基準」を発表した。ついで翌年五月に、新たに「日本語教育振興協会」(日振協)を設立、九〇年二月には、文部・法務両省共管の財団法人としても認可された。「日振協」は設立後、ただちに審査委員会を発足させ、この「基準」によって日本語学校の審査に着手し、九〇年三月末の認定数は四三五校だった。その後、認定が取り消されたり廃校になったところもあり、九八年には二六五校にまで減少した。その後は増加が見られ、二〇一一年一月末現在では四五〇校である(『日本語教育機関実態調査(平成二三年度)』日振協、二〇一二年)。

欧米の言葉に比べて、日本語の国際普及度はまだ低く、多くの場合、来日後に日本語を修得しなければならない。しかし、そのための日本語教育機関の整備は、著しく立ち遅れており、そのほとんどは私的経営に委ねられてきた。

「日振協」資料により、協会発足年、学校数がもっとも少ない年、最新年、その中間年、それぞれの学校数について表Ⅶ-1を作成した。

二〇年間たっても、「株式会社・有限会社」が過半数を占めている。日本語学校生が支払う授業料について消費税が免除されるのは、わずかに「A　学校法人・準学校法人」が設置する学校のみである。

七割強の日本語学校に学ぶ留学生は「授業料+消費税」の支払いを余儀なくされていて、しかも消費税はやがて八%、さらに一〇%に引きあげられることが決まっている。

幼稚園から大学院まで、いずれも文部省令として「設置基準」が定められているのに、日本語学校にはこうしたものも作っていない。また、それこそ幼稚園から大学まで私学助成が一般化しているなかで、これまた日本語学校については、なぜかこうしたことが実現していない。

また、かつて「留学生一〇万人計画」は打ち出されたが、しかるべき基礎づくりを怠っていたことは否めない。「基準」が定められたのは一九八八年末であるが、その年には、じつに三

表Ⅶ-1　日本語教育機関の設置形態の推移(単位：校)

設置形態＼年度	1990	1998	2005	2011
A 学校法人・準学校法人	40 (9.2%)	50 (18.9%)	92 (24.0%)	126 (28.0%)
B 財団法人・社団法人・宗教法人等	36 (8.3)	27 (10.2)	29 (7.6)	26 (5.8)
C 株式会社・有限会社	300 (69.0)	157 (59.2)	225 (58.8)	264 (58.7)
D 任意団体・個人等	59 (13.6)	31 (11.7)	37 (9.7)	34 (7.6)
合　計	435 (100.0)	265 (100.0)	383 (100.0)	450 (100.0)

各年度3月31日現在，2011年度は1月末現在．
出典：『日本語教育機関実態調査(平成23年度)』日振協，2012年より作成．

万五〇〇〇人もの「就学生」がすでに入国していたのである。「一〇万人計画」が発表されれば、それに見合う受け入れ態勢を「国際公約」したととられてもやむをえまい。

かつて日本総領事館へのデモを押さえるため、上海市人民政府は苦情受付窓口を設け、領収書などによって、事実関係の確認を進めた。さらに、一九八九年八月、一二月、九〇年三月の三回にわたって、〝返金交渉〟のため係官(元日本留学生)を日本に派遣し、各日本語学校を訪れて、領収書を示しながらの〝返金行脚〟を余儀なくされた。すでに幽霊校になっているところもあった(NHKテレビ、特集『上海からの返金交渉』一九九〇年四月一八日放映)。いうまでもなく、最大の犠牲者は中国の若者たちである。

「一〇万人計画」の最大の欠陥は、日本語教育機関を内外において充実させること、なかでも、あるレベルの日本語教育を受けてから日本に留学できるシステムの確立を、はっきり打ち出さなかったのである。

就学生問題の〝代償〟は、あまりにも大きかった。

そういえば、清朝末期に大量の中国人留学生がやってきたときも、当時の日本語学校が「学店」とか「学商」と揶揄《やゆ》されたことが思い出される。

「かわいそうな」留学生

就学生問題が日本の外国人労働者問題と重なりあっていたことは、否定できない。一九八七年一〇月におきたバングラデシュ青年の餓死事件に、八八年四月、ＪＲ立川駅での中国人女子就学生の電車飛び込み自殺も加わって、いつしかそれらは〝留学生おかわいそう論〟に発展した。「円高」に苦しむ留学生像がにわかに流布され、あちこちで募金やバザーが繰りひろげられた。

こうした状況の反映のひとつが、一九八七年一一月、『朝日新聞』にのった四コマ漫画「フジ三太郎」ではなかろうか。漫画は、あちこちのビルに「留学生で困った人どうぞ」というタレ幕がかかり、食堂では〝昼メシ半分っこ〟運動がおこなわれている絵である。この漫画には、留学生から「私たちに対する侮辱です」とか、「モノを持っている日本人の傲慢さです」などの反発が生まれた。

しかし、同じ四コマ漫画は翌年四月の自殺事件のあとには、こんどは、「売れ残り」を〝ごちそう車〃で「留学生食堂」や「ジャパゆきさん食堂」などに運ぶ絵にまでエスカレートした。豊かな日本人からの救援を待つあわれなアジア人留学生、という構図ができあがってきたのではないだろうか。

留学生が、かつていつもいったのは、「私たちには、憐みや同情はいりません。豊かな日本人と貧しいアジア人という関係ではなく、一対一の人間として平等・対等な人間関係が必要なんです」ということである。国際国家のかけ声を声高に叫ぶよりも、足元の現実を見つめなおすことのほうが、重要なのではなかろうか。

国際国家のかけ声のもとで、「臨時教育審議会」が設置され、一九八四年から三年間にわたって教育全般について論議されたのは、こうしたころだった。しかし、その答申では、在日外国人の教員採用問題や在日朝鮮人への差別・偏見をなくすための教育の課題が提示されたわけでもない。海外の日本人児童生徒、帰国した児童生徒には力を入れても、外国人学校卒業者の大学入学資格の問題について触れることはなかった。

そして二〇〇八年七月、「二〇二〇年を目途に留学生受け入れ三〇万人を目指す」との「留学生三〇万人計画」が発表された。しかし前に見たように、多くの日本語学校での学費に消費税が課せられている現状をどう改めるか、日本語教員の免許制度をどう導入するかなどの基本的な問題はなぜかとりあげられていない。

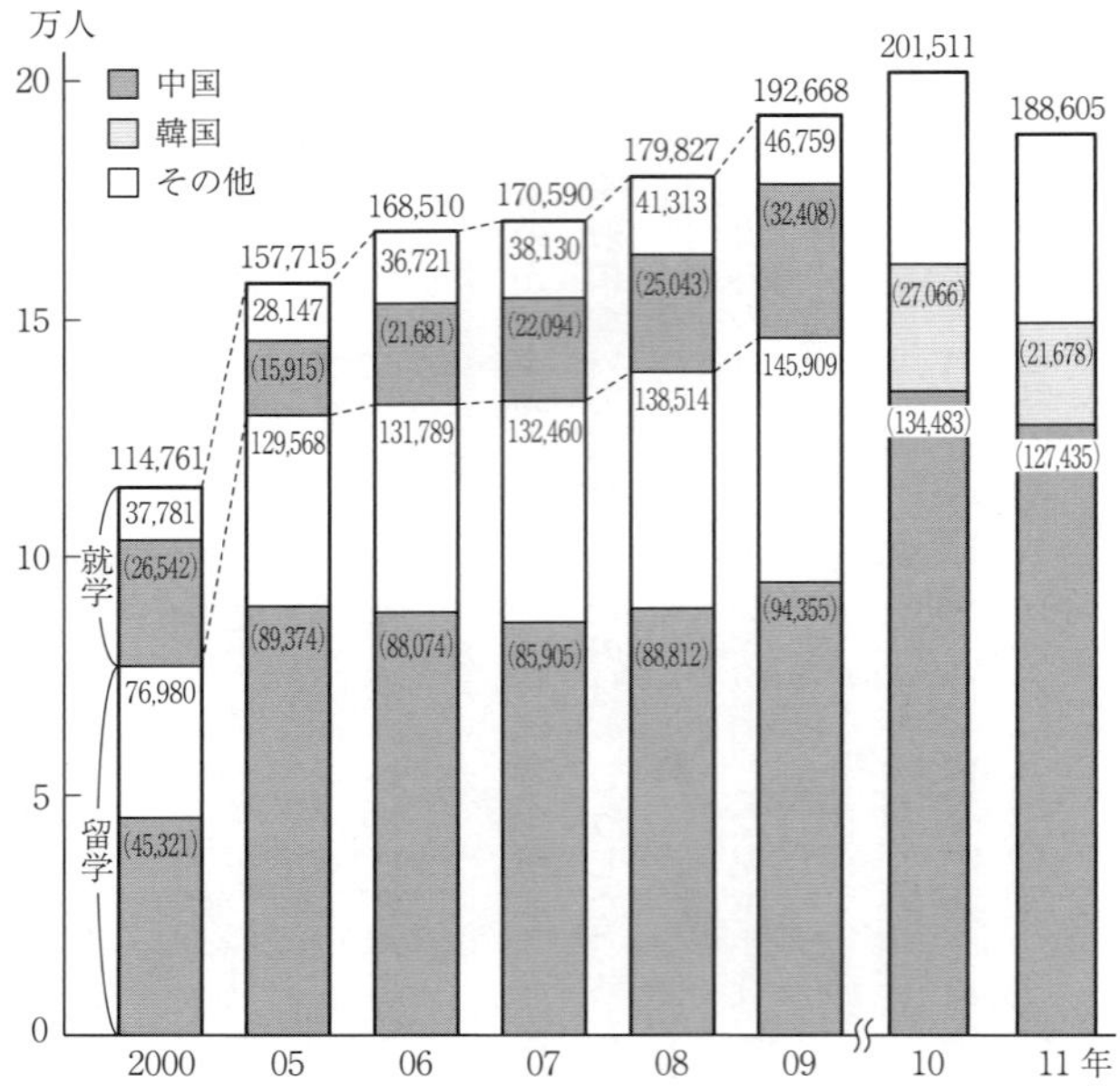

(　)内は内数.
出典：法務省『在留外国人統計』(各年末現在)より作成．ただし，2010 年以降，「就学」が廃止され「留学」に統一された.

図Ⅶ-2　外国人留学生数の推移

なお、参考までに最近の外国人留学生数の推移を、**図Ⅶ－2**として掲げておきたい。途中までは、「留学」の上に「就学」が積み重ねられたため、やや見にくいかもしれない。

また、「中国」がつねに高い比率を占め(二〇一一年は六七・六%)、それに「韓国」を加えると七九・一%になる。次に多いのは、ベトナムの五七六七人で、ネパールの三五八九人、タイの三三一五人とつづき、ここまでで、全体の八五・八％を占める。世界から留学生がやってきているとはいえない。

大学への入学資格

私がアジア文化会館を辞し、愛知県立大学に移った後も、しばらくは非常勤の嘱託として、そこに顔を出していたが、同時に大学では、それまでの一〇年間をできるだけ心にとめながら授業をしたいと思っていた。

着任早々だったと思うが、入試問題を作成する仕事がまわってきた。いささか緊張して、結局、次に述べるような問題を出題した。アジア人留学生との出会いが、私をそうさせたのかもしれない。

「次の文章は、いずれもアジアの教科書にある日本に関する記述であるが、それはどこの国であり、またそれは一九何〇年代か」というものである。その後、ときどき大学の授業でも同じ問題を配り、受講生に解答を求めたことがある。

問題文は、近現代における日本の侵略について記述されているが、それがアジアの教科書の文章であるだけに、受講生はいちようにショックを受けるようだ。そこには直接日本が登場しているのに、当の日本人はそれについてほとんど何も知らないことを実感するのである。教壇に立つものとして、その責任の重さを痛感した。

さらに、一九七四年春には、思いがけない「事件」に遭遇することになる。このことがなければ、私の大学での生活は少しちがったものになったかもしれない、と思うほどだ。

あるとき、「君の大学はずいぶん冷たいね」と言われたのである。何でも、朝鮮高級学校（「高等学校」は使えない）を卒業する人が、愛知県立大学に出願したところ、「入学資格なし」ということで願書が送り返されたという。じつは、私はその少し前に書いた文章のなかで、日本の大学での入学資格の問題に触れていた（「国連大学、その前に」『世界』一九七四年三月号）だけに、私のショックは大きかった。

教授会では、そうした報告を耳にした記憶はまったくない。調べてみると、事務局の出願窓口で〝門前払い〟にしたので、教員側には何ら知らされていなかったのである。大学の前の電柱に「県大の民族差別糾弾」のビラが貼られ、新聞でも話題になった。V章に述べた日立裁判も最終局面を迎えていたころだった。緊張のなかで、あれこれ調べてみることにした。

大学入学資格については、学校教育法第五六条（当時）、および同施行規則第六九条（当時）に定めがあった。民族学校は「各種学校」となっているため、ストレートに入学資格を定めたものはない。しかし、施行規則に「その他、大学において、相当の年齢に達し、高等学校卒業と同等以上の学力があると認めた者」という大学認定条項がある。したがって多くの大学が入学資格を認めていないのは、具体的な出願がなかったか、あるいは「同等以上の学力があると認めない」と判断したかであろう。

国立大学には事例がないが、公立大学や私立大学には、この大学認定条項によって、入学資格を認めているところが、少数ながらすでにあった。愛知県立大学では学内でも議論を重ね、一九七五年秋に、やっと「外国人学校修了者の入学資格認定に関する規程」を制定し、門戸の開放が実現した（もちろん入学試験は、これとは別におこなう）。

門戸を閉ざす国立大学

朝鮮高級学校などの外国人学校卒業者に大学入学資格を認めないのは、論理的にみてもおかしい。日本にある外国人学校は、基本的にはその本国の教育に準拠している。だが、その本国からの留学生は日本の大学入学資格をもっているのに、日本国内にある同系の外国人学校卒業者には認めない、というのは大きな矛盾である。

たとえば韓国からの商社員の子どもが高校一年で来日し、東京韓国学校高等部を卒業すると大学入学資格検定（大検、いまは、高等学校卒業程度認定試験）に合格しないと日本の大学は受験できないが、本国に残って韓国の高校を卒業し、日本に留学すれば大学入学資格が認められるのである。

当時読んだ資料なのでいささか古いが、『外国における在住外国人子女の教育に関する調査報告書』（文部省、一九六六年二月）によると、回答のあった三八カ国中三五カ国に外国人学校があり、そのうち二一カ国では外国人学校卒業者にも在住国の上級学校への進学資格を認めている、という結果が出ていた。海外の日本人学校の多くも、その恩恵に浴していることになる。

日本における民族教育のもつ歴史的な意味を考えるとき、それが海外の日本人学校以上ではあっても、以下であっていいはずがない。在日外国人にその民族教育を断念させるような抑圧を、無意識のうちに大学自身が加えているとすれば、それはたいへんなことではなかろうかと思った。

外国人学校卒業者に入学資格を認めている大学は、一九九四年には一七九校になっていたが、国立大学は一校もなかった。「大学の自治」に属することとはいえ、国立大学が一致して締め出していたのは、やはりそこに文部省が〝影〟を落としていることの証《あかし》であろう。

一九六五年、日韓条約が締結されたとき、フリー・ハンドを得たかのように文部省は「朝鮮人のみを収容する教育施設の取り扱いについて」（一九六五年一二月二八日、次官通達）で、こう述べた。

「(1)朝鮮人学校については、学校教育法第一条に規定する学校の目的にかんがみ、これを同法第一条の学校として認可すべきではないこと、(2)朝鮮人としての民族性または国民性を涵養《かんよう》することを目的とする朝鮮人学校は、わが国の社会にとって、各種学校の地位を与える積極的意義を有するものとは認められないので、これを各種学校として認可すべきではないこと」

まるで、かつて朝鮮語を奪い、皇民化教育を強要した植民地時代そのものの「同化主義」といえないだろうか。

この通達には、また「外国人をもっぱら収容する教育施設の取り扱いについては、(中略)新しい制度を検討し、外国人学校の統一的扱いをはかりたい」とあり、翌年から「外国人学校法案」が登場した。この法案は、外国人学校の認可などの権限を知事から文部大臣に移すことを主眼とした。それはまた規制に関する規定ばかりで、その修了者に大学入学資格を認めるとか、外国人学校を私学助成の対象に加えるなどの保護・振興策は、何一つ盛り込まれなかった。

文部省の「通達」なり「法案」は、外国人学校敵視策というほかない。結局、法案は成立しなかった。

一方、地方自治体は国とは異なった姿勢をとった。美濃部亮吉東京都知事(当時)は、一九六八年四月、文部次官通達に反して、朝鮮大学校を「各種学校」として認可した。いまでは、全国にあるすべての朝鮮学校が各種学校として認可されている。また、自治体(都道府県および市区町村)による外国人学校への補助金交付も一般化している。Ⅵ章でみた外国人無年金者への給付金支給も、国の政策の〝欠陥〟をうめるものだった。

一九九四年になると、ＪＲ各社が外国人学校生に通学定期券の購入を認め、全国高等学校体育連盟(高体連)が朝鮮高級学校など外国人学校の大会参加資格を認めた。大阪朝鮮高校ラグビー部は二〇〇三年に大阪府代表となり、高校ラグビー選手権の常連校となっている。

私は一九九三年に、一橋大学に移った。愛知県立大学では規程を作って外国人学校生の受験に道を開いたが、文部省所管の国立大学はそう簡単ではない。しかも一橋大は四学部あり、二学部だった愛知県大よりコンセンサス作りもそれだけむずかしい。

むしろ、朝鮮大学校卒の大学院入学資格なら、各研究科の独立性が高いので取り組みやすいと考えていたら、京都大学大学院理学研究科が朝鮮大学校生の受験を認め合格者が出たことが伝えられた(一九九八年九月)。そして、文部省も翌九九年八月、文部省令を改正し、大学院については正式に門戸が開放された。

非欧米系の排除

大学については、二〇〇三年三月六日、文部科学省(以下、文科省)は、外国人学校(高校レベル)四〇校のうち、欧米の三つの教育評価機関(アメリカにある二団体、およびイギリスにある一団体)が認定する一六校について、大学入学資格を認めると発表した。しかし、非欧米系(朝鮮学校、中華学校、韓国学校、ブラジル学校)を除外することは、〝差別〟だとの反発を招き、文科省はとりあえず、すべて凍結し、再検討すると表明した。

一方、外国人学校への税制上の優遇措置については、同じ年の三月三一日、法人税法および所得税法の各政省令が改正され、「初等教育又は中等教育を外国語により施す各種学校」が「特定公益増進法人」に追加された。

しかし、それを受けた文科省告示(第五九号)は、「外交」「公用」または「家族滞在」の在留資格をもつ子女に教育を施し、かつスイスの国際バカロレア事務局または前に述べた三つの教育評価機関の認定を受けた学校に限定した。文科省はここでも、非欧米系を排除したのである。

さて、入学資格問題は、同じ年の九月一九日、文科省が省令改正をおこない、ひろく外国人学校生に大学入学資格を認める、とした。すなわち、(1)インターナショナル・スクールなど国際的教育評価機関の認定を受けた学校の卒業者(二〇一二年現在、計二一校)、(2)韓国学校、中華学校、ブラジル学校など本国の学校制度に位置づけられる学校の卒業者(同、ブラジル学校三二校など計四〇校)、(3)大学において、個別審査により高校卒と同等と認めた者、にそれぞれ入学資格を付与した。

なお、朝鮮学校については、(3)によるとされた。北朝鮮は大学入学までが一一年制であるが、日本の朝鮮学校は一二年制となっており、本国での位置づけがむずかしいことがあるようだ。

一連の動きは直接的には「規制改革」のなかで出てきた。日本経団連は、二〇〇二年六月、「インターナショナルスクール問題についての提言」をまとめ、総合規制改革会議に要望した。すなわち、(1)正規校に準ずる教育として認めること、(2)高校、大学への入学資格付与、(3)助成をおこなうこと、(4)税制上の優遇措置の導入、(5)廃校となった公立校の転用を認めるなど施設整備の弾力化をはかること、である。そのうち、(2)と(4)は実現したことになる。

外国人の子どもたち

一九八九年の入管法改正で、日系人の日本での就労が自由化され、前に見たようにブラジル人、ペルー人が急増した。それにともなって外国人の学齢期(小・中)

の子どもの数も増え、その教育問題が浮上してきた。

その就学状況の概要を見るために**図Ⅶ－3**を作成してみた。政府は、外国人の子どもの教育に無関心なためか、正確な統計をつくっていない。

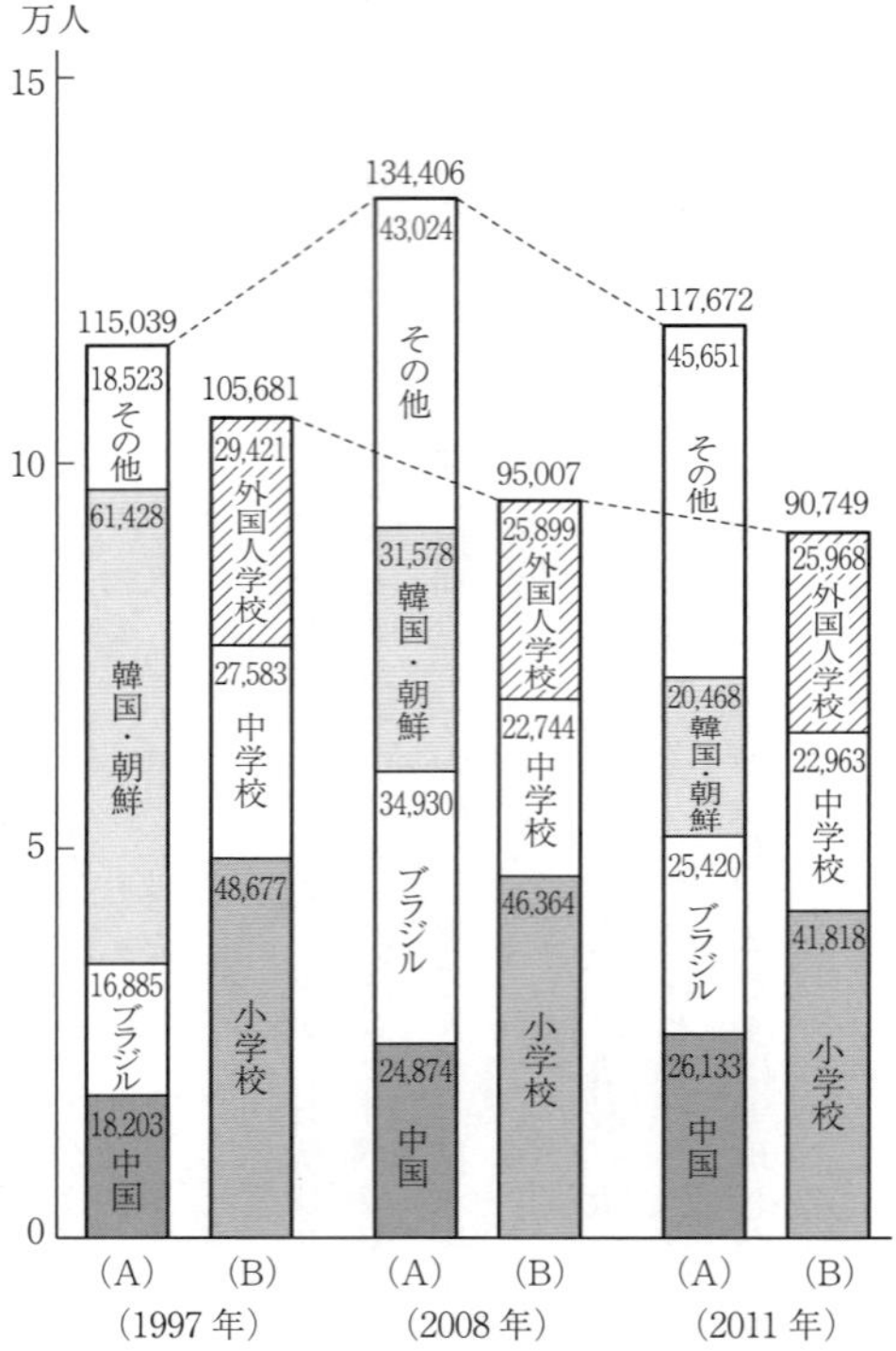

出典：(A)は法務省『在留外国人統計』(各年末現在)，(B)は文科省『学校基本調査報告書(初等中等教育編)』(各年5月1日)より作成.

図Ⅶ-3　外国人の子どもの数と就学状況

この図は、Ⓐ外国人登録の子どもの数(国籍別、五歳刻みの年齢別)、そしてⒷ学校基本調査の外国人児童生徒数(小・中別、国籍別はない)と外国人学校の生徒数(小・中・高別も、国籍別もない。「修業年限一年以上」の数字のみ)によって作成した。外国人登録では五〜一四歳の「一〇年」、学校基本調査では小・中の「九年」に外国人学校生を加えており、若干の誤差は避けられない。

なおこの図は、外国人登録の統計でブラジルが把握可能となった一九九七年統計、最新統計、その中間年より成っている。まず、外国人登録では、「韓国・朝鮮」が減少し、最新統計では、子どもの数は「中国」、「ブラジル」、「韓国・朝鮮」の順になっていることがわかる。

次に、Ⓐ外国人登録とⒷ学校基本調査の差が、気になるところである。

学校基本調査は、各種学校として県知事によって認可された外国人学校生しか計上されないので、未認可のブラジル学校(八〇校近くあるうち、認可校は二〇一三年現在一四校)に通う児童生徒は統計から漏れてしまう。ⒶとⒷの差は、九七年は約一万人、二〇〇八年は約四万人であるのに対し、二〇一一年は約二万人と差が縮小している。その間ブラジルが約一万人減少していることが、その原因と考えられる。

なお、ⒶとⒷの差には、日本の学校にも未認可の外国人学校にも通学していない子どもがいることを示唆している。

学校基本調査では、「不就学学齢児童生徒調査」がおこなわれているが、その調査票にはわざわざ「外国人は調査から除外する」と注記されている。文科省が外国人の就学にいかに〝無《む》頓着《とんちゃく》か〟の一端が示されていよう。

外国人学校間の連携

大学入学資格から除かれそうになった各外国人学校のあいだに新しい連携が生まれ、それは二〇〇五年、神戸での初のフォーラムの開催に結びついた。

そして阪神淡路大震災で被災した外国人学校の再建問題について、兵庫県内の（アジア系から欧米系までの）外国人学校が協力して再建の国庫補助を要求するなかで、「兵庫県外国人学校協議会」が生まれた。

私立の正規校は半額補助が受けられるが、当初、各種学校である外国人学校は、それがゼロだった。外国人学校のなかには、被災者の避難場所になったところもあるのにおかしいと働きかけ、ついに半額補助を獲得したのである。そこで震災一〇周年にあたるこの年、全国のさまざまな外国人学校の関係者が初めて一堂に会する「多民族共生教育フォーラム」の開催となった。

その後、名古屋、東京、大阪と場所を移して開催された。東京では「外国人学校の制度的保障に関する市民提言」が発表され、教員歴をもつ与野党の国会議員（公明党山下栄一、民主党水岡俊一、両参議院議員）がパネラーとして参加、国会での取り組みが期待された。大阪のフォーラムでは外国人学校に学ぶ子どもたちと日本の学校の子どもたちの交流の場が設けられ、閉会式での壇上いっぱいの子どもたちの姿は圧巻だった（本章の扉写真）。

私たちは「外国人学校・民族学校の制度的保障を実現するネットワーク」を立ちあげ、二〇〇九年には冊子『すべての子どもたちに学ぶ権利を！　外国人学校振興法パンフレット』をまとめた。

高校の無償化

二〇〇九年九月、民主党が政権につくと、かつては議員立法として提出した高校無償化法が内閣提出によって成立した。正式名「公立高等学校に係る授業料の不徴収及び高等学校等就学支援金の支給に関する法律」（以下、高校無償化法）が二〇一〇年四月に施行されたのである。この法律は、通常の高校生のほか、専修学校生、そして各種学校である外国人学校生をも対象とする〝画期的〟なものである。

ここまで見てきたように、外国人学校は徐々に正規校に準ずる地位に近づいていたが、国レベルで公費が平等に投入されるのは初めてである。

日本は教育に対する公費支出が低いことで有名で、ＯＥＣＤ（経済協力開発機構）加盟国でも最下位だった（『東京新聞』二〇一一年九月一四日）。また、国連の社会権規約を批准するときも、同一三条二項(b)（中等教育）(c)（高等教育）については「留保」を宣言した（ほかに「留保」したのはマダガスカルのみ）。中等教育は、中学、高校を指しており、高校無償化により二〇一二年九月、(c)項と合わせて、日本政府は留保を撤回した。

高校無償化の対象とされる外国人学校は、(イ)(日本の)高校に対応する外国の学校でその国の学校制度に位置づけられたもの、(ロ)その教育活動について、国際教育評価機関の認定を受けたもの、(ハ)は(イ)、(ロ)以外で、文科大臣の定めるところにより「高校に類する課程」を置くものと認められるもの、の三つにわけられた。

(イ)は、大使館等を通じて確認されたもので、ブラジル一一校、中華二校、韓国、ドイツ、イギリス、フランス、ペルー各一校、計一八校が指定された。(ロ)は、前に述べた教育評価機関の認証を受けていることが確認できるもので、インターナショナル・スクール(北海道から沖縄まで二〇校。同志社国際学院国際部も含む)が指定されている(二〇一三年二月現在、後述の(ハ)を加えて計三九校)。

(ハ)については、文科省に専門家による検討会議が設けられ、二〇一〇年八月、「高等学校の課程に類する課程を置く外国人学校の指定に関する基準等について」が発表された。専修学校の水準を基準とし、(他の外国人学校の)指定にあたっては教育内容を基準としていないので、外交上の配慮などによるべきではなく、教育上の観点から客観的に判断すべき、とされた。

そして、一一月、文科大臣は、「高校無償化法施行規則第一条第一項第二号(ハ)の規定に基づく指定に関する規程」を公布、その指定の基準および手続きを定め、申請期限を一一月三〇日とし、朝鮮高校一〇校はいずれも申請を済ませた。

しかし、北朝鮮による韓国延坪島《ヨンピョン》に対する砲撃事件が起きると、菅直人首相（当時）は、なぜか朝鮮高校の審査手続きの「凍結」を指示した。そして二〇一一年八月、同首相は退任直前にその「解除」を指示、審査が再開された。

朝鮮高校は「不指定」に

当初、二、三カ月で結論が出るとされたが、先送りがつづいた。

一方、同じ(ハ)に属する二つの学校、すなわち、トルコ系のホライゾンジャパン・インターナショナルスクール（神奈川県）は二〇一一年八月、コリア国際学園（大阪府）は同年一二月、それぞれ指定され、朝鮮高校を追い越すかたちとなった。なお、ホライゾン校は、二〇一二年一二月、(ハ)から(ロ)に移行した。

二〇一二年一二月の総選挙の結果、民主党の野田佳彦政権から自・公連立の安倍晋三政権に変わると早速、朝鮮高校は不指定とするとの方針が打ち出された。下村博文文科大臣は、一二月二八日の記者会見で、「拉致問題の進展がないこと、朝鮮総連と密接な関係にあり、教育内容、人事、財政にその影響が及んでいること」を不指定の理由とした。

そして、翌二〇一三年二月、高校無償化法施行規則を改正し、朝鮮高校の審査の根拠とされる(ハ)そのものを削除した。

下村文科大臣は、「拉致」問題を持ち出したが、横田めぐみさんのご両親である横田滋・早紀江さん夫妻は、「拉致問題があるから朝鮮学校を無償化の対象から外すとか、（自治体が）補助金の対象から外すというのは、それは筋違い」と発言されている(『週刊金曜日』二〇一二年六月一五日号)。また、蓮池薫さんの兄、蓮池透さんも、「高校無償化政策から朝鮮学校を除外したり、(中略)これは拉致問題とは関係ない〝八つ当たり〟です」と発言されている(『週刊朝日』二〇一三年二月二二日号)。

前にもふれたが、北朝鮮は大学入学まで一一年制であったが、二〇一二年秋の、日本の国会にあたる最高人民会議において、一二年制に移行することが決定された。したがって、(イ)によって朝鮮高校を指定することが可能になったと考えられる。外交関係の有無が障害になると考えられがちだが、無償化の対象として指定された二校の中華学校は、いずれも台湾系であり、台湾と日本とのあいだに外交関係はない。

国際社会からの注視

日本が批准した人種差別撤廃条約にもとづき、日本政府が国連に提出した第二回報告書の審査後に出された「総括所見」(二〇一〇年三月)には、「(人種差別撤廃)委員会は、子どもの教育に差別的な効果をもたらす行為に懸念を表明する。(中略)(高校無償化から)朝鮮学校を除外するべきことを提案している何人かの政治家の態度」、「締約国(日本)に対し(中略)教育における差別を禁止するユネスコ条約(一〇〇カ国が加盟)への加入を検討するよう奨励する」(パラグラフ22)とあった(『今、問われる日本の人種差別撤廃』解放出版社、二〇一〇年)。安倍内閣の決定によって、人種差別撤廃委員会の「懸念」は現実のものとなったのである。

また、同じく国連の社会権規約委員会は、二〇一三年四月、日本政府報告書の本審査をおこなうが、その事前質問には「在日コリアンの子どもたちへの根強い差別に対応してとられた措置の効果についての情報」、「マイノリティの学校に対して締約国(日本)が与えている財政援助についての詳しい情報」(社会権規約NGOレポート連絡会議訳)をそれぞれ提供してほしい、とある。

朝鮮学校の女子生徒は、かつて民族服のチマ・チョゴリを着て通学していた。心ない日本人による嫌がらせや暴行を避けるため、そうした姿が見られなくなって久しいが、この委員会はそのことを念頭に置いているのであろう。そして、高校無償化法が施行された二〇一〇年以降、東京都、大阪府、千葉県、埼玉県、宮城県、広島県、神奈川県、山口県など一部自治体は、外国人学校への補助金を朝鮮学校のみ支給しない措置をとった。二つめの質問は、高校無償化からの朝鮮学校除外やこうした補助金カットを問うことになるが、日本政府はどう対応するのだろう。

韓国からの共感

こうした国際人権機関の注視とは別に、お隣りの韓国では、日本の朝鮮学校における民族教育に強い共感が生まれている。北海道の朝鮮学校を描いた『ウリハッキョ(私たちの学校)』というドキュメンタリー映画は韓国で大きな反響を呼んだという。

二〇〇六年の釜山国際映画祭で、最優秀ドキュメンタリー賞を受賞した。

その金明俊《キムミョンジュン》監督は、二〇一一年六月、東京での朝鮮学校支援市民集会に、韓国からかけつけ、挨拶をされた。その一節を掲げたい。

「朝鮮高校無償化を実施しない理由が、朝鮮半島でおきた天安《チョンアン》号沈没事件や延坪島砲撃などの政治的事件だとすれば、率直にいってあきれて笑うしかありません。また、地震〔東日本大震災〕の前後に東京、大阪、千葉、宮城などの自治体が朝鮮学校への教育補助金を凍結した問題に至っては、なぜ、こんなに卑怯《ひきょう》になれるのだろうか、と絶望感さえ感じました。そんな失笑と絶望を感ずる理由は、これらすべてがほかでもない『子どもたち』を相手におこなわれているからです。〔中略〕在日朝鮮人として日本の地に住みながら、自分のアイデンティティを維持させてくれる教育機関は朝鮮学校しかありません。朝鮮学校が完璧な教育機関とは誰もいいません。しかし、子どもたちに朝鮮学校は自分が誰であるかを教え、この地で朝鮮人として生きていく方法を教える唯一の学校です。これは日本の学校は絶対にできないことです。日本の学校ができないことを朝鮮学校がしているのです……」。

会場にいた多くの朝鮮学校生は、どんな感懐《かんがい》を抱いたろうと思った。

ここに、広島朝鮮高校生の詩を一つ紹介しておきたい。

高校無償化という言葉　最初は言葉の意味が分からなかった
高校無償化という言葉　周囲の人たちの話で分かってきた
高校無償化から除外　何を除外するのか分からなかった
高校無償化から朝鮮学校を除外　何かが分かってきた
また朝鮮人に対する差別だと

（民族教育問題協議会編『朝鮮高級学校への高校無償化適用を願って（改訂版）』学友書房、二〇一二年より）

ある日、私は一枚のチラシの文字に引きつけられた。「子どもの人権を守ろう――日朝首脳会談で、拉致事件問題が伝えられたことなどを契機として、朝鮮学校や在日朝鮮人などに対するいやがらせ、脅迫、暴行などの事案の発生が報じられていますが、これは人権擁護上見過ごせない行為です」とある。法務省人権擁護局の下部機関、東京法務局などが作成したきれいなカラー刷だった。

私は、東京法務局を訪れ、高校無償化除外や補助金カットは、「人権擁護上見過ごせない行為」では、と問うてみた。しかし、結局、私は差別を受けた当事者ではないとして、人権侵犯事件としての申し立てはできないとされた。

私の話を聞いた朝鮮高校に子どもが通う保護者の方が、二〇一二年八月、高校無償化からの除外および東京都の補助金カットを人権侵犯事件として東京法務局に申し立て、その結果が注目された。しかし、二〇一三年一月、「人権侵犯の事実はない」、と通知してきた。その理由など何一つ示されていないという。何とも割り切れない結果というほかない。

民間の問題は扱うが、公的機関による人権侵害は扱わないということだろうか。

Ⅷ　外国人労働者と日本

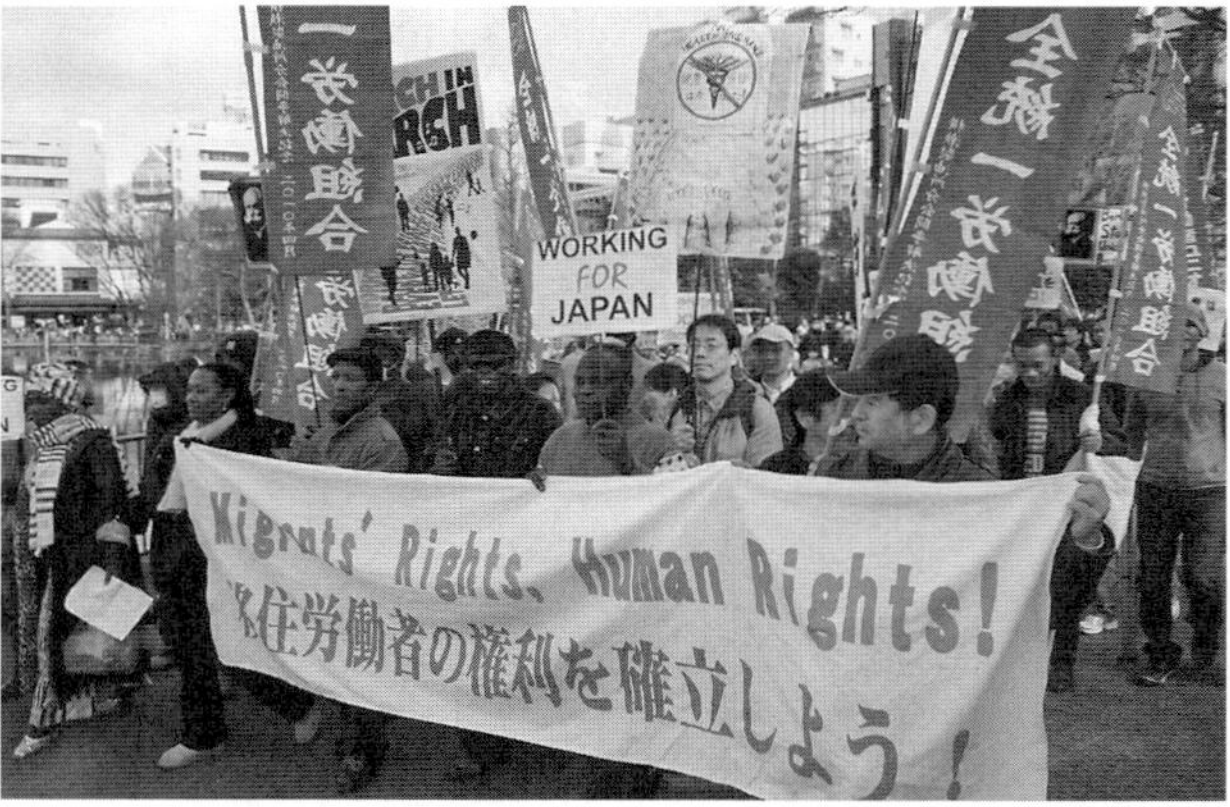

外国人労働者の権利を訴える，東京・上野でおこなわれたマーチ(2012年3月25日．提供：全統一労働組合，撮影：今井明)

一九八六年九月下旬、名古屋の各紙は、三重県亀山市の国道一号線でおきた自動車事故に、「出稼ぎタイ人四人犠牲」などの大見出しを付けていた。この年の夏ごろから、名古屋の紙面にも、資格外就労の外国人のことを伝える記事が散見されるようになっていた。全国紙よりも地方紙のほうが、早くこの問題に取り組んだように思う。「異国に待つ春――とちぎ・じゃぱゆき事情①~⑳」(『下野新聞』一九八六年二~三月)は、私の見たもっとも古い企画報道だった。そこには、クラブやホテルのダンサーやシンガー、外国人花嫁、研修生という名の労働者、留学口実の就労などが、すでに紹介されていた。

「資格外就労」の増加

図Ⅷ-1は、当時の「資格外就労」判明数の推移を国籍別に示している。「資格外就労」の判明数は漸増していたが、一九九〇年には前年の倍近くに達し、国籍の多様化も急速に進行した。なお少し古い数字であるが、一九八六年の八一三一人のうち、入国管理局が摘発したのは全体の一六・三%で、他は本人が出頭してきたケースであるという(一九八七年九月一〇日、参議院法務委員会における小林俊二入国管理局長答弁)。したがって、ここでは判明数という表現を使うことにする。

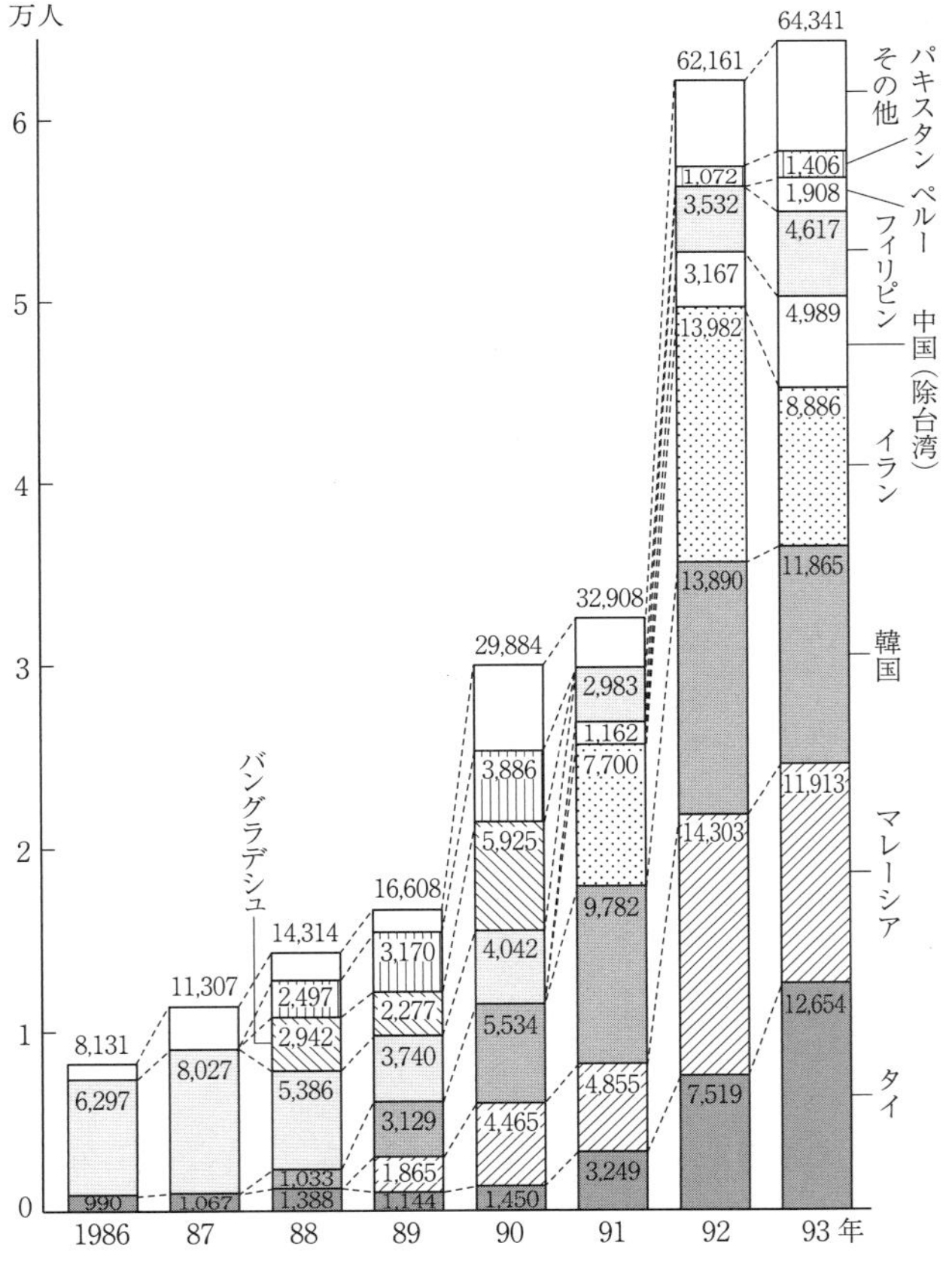

出典：法務省発表より作成.

図 VIII-1　国籍別による「資格外就労」外国人の判明数の推移

この図Ⅷ－1を見ると、それまでのフィリピン、タイのほかに、一九八八年には、バングラデシュ、パキスタン、韓国が、そして翌八九年にはマレーシアが加わった。九一年にはバングラデシュ、パキスタンにかわってイラン、中国が登場し、九三年にはペルーが姿をあらわしている。

日本政府は、入管法改正にさきだって、まず一九八九年一月、バングラデシュおよびパキスタンについて「査証相互免除取決め」の一時停止の措置をとり、両国からは査証(ビザ)なしでは日本への入国ができなくなった。また、九二年四月にはイランとのあいだでも同様の措置がとられ、入国規制が強化された。

なお、マレーシアとのあいだにも「査証相互免除取決め」があるが、九三年六月以降はマレーシア側に査証取得の勧奨を要請している(日本人の渡航が多いため、一時停止措置をとると、日本側にも不利益が生ずる)。こうしたことは、図Ⅷ－1の国の消長にも反映していた。

ここまでは、「資格外就労」の判明数を紹介したが、次にオーバー・ステイ(超過滞在)のデータを見てみたい。超過滞在者とは、法務省入管局が発表する「不法残留者」のことであり、**図Ⅷ－2**が、その推移である。一九九一年五月から始まり(図Ⅷ－1にあるように、同じ年の判明数は約三万三〇〇〇人であったのに対し、同じ年の超過滞在者は約一六万人となっている)、それは急増するが、九三年五月にピークを迎え、その後徐々に減少し、最新の二〇一二年一月には六万七

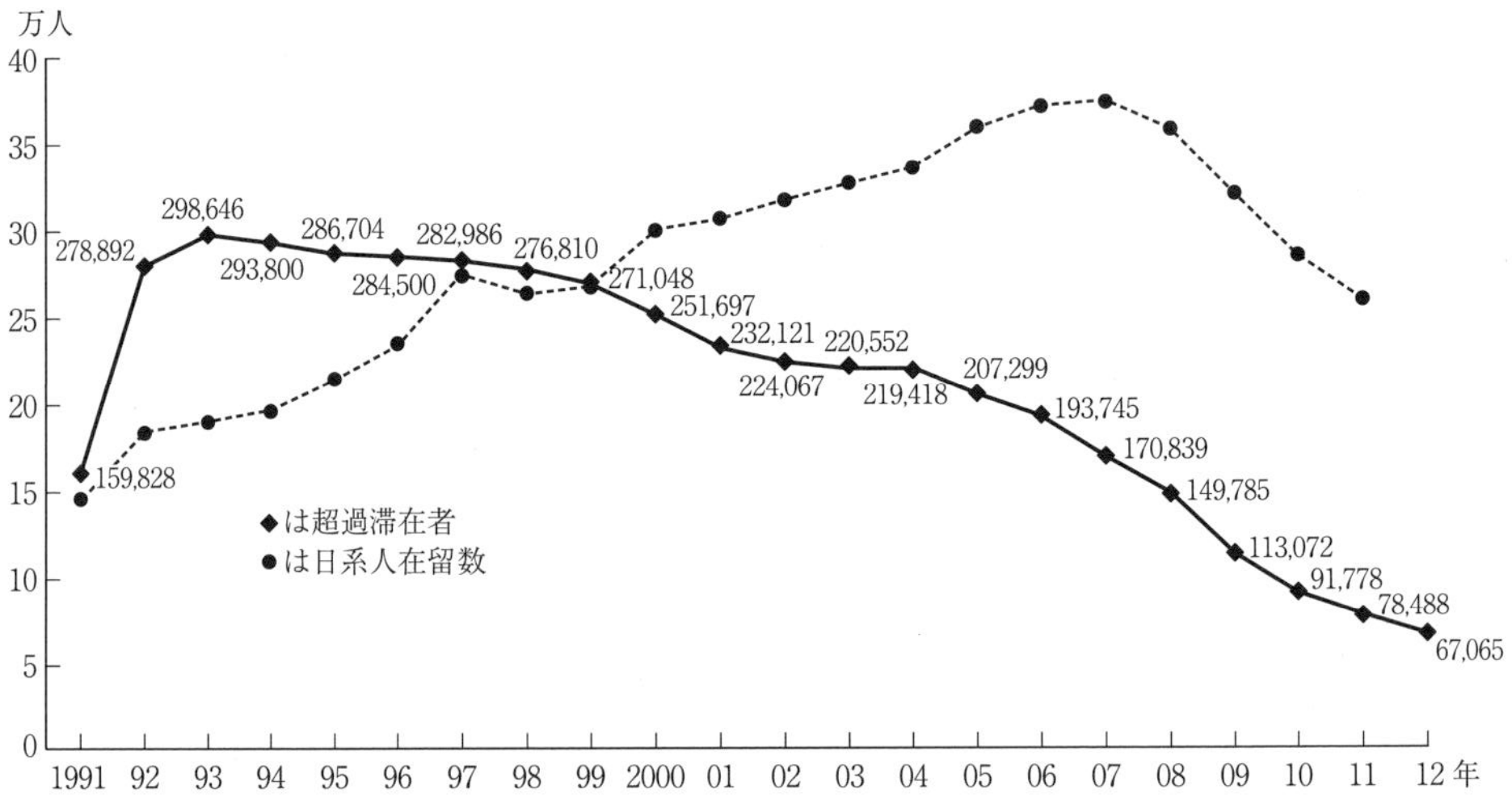

超過滞在者は91〜96年は各5月現在，以降は各1月現在.
出典：法務省入国管理局資料および表Ⅷ-1より作成.

図 Ⅷ-2　超過滞在者数および日系人在留数の推移

〇〇〇余に至っている。超過滞在者の数字は、「資格外就労」に深く結びついていよう。図Ⅷ－2における超過滞在者数の漸減は、当局の摘発による面もあるが、一方で外国人労働者の受け入れに関する日本政府の政策変更がその背景にあると考えられる。

法改正と日系人の急増

一九八九年一二月、入管法が改正され、九〇年六月一日から施行された。主な改正点は、(1)在留資格を二八種に拡充し、より広く外国人を受け入れることにするが、「非熟練労働」については従来通りとする、(2)すべての外国人を「就労可」と「就労不可」にはっきりと二分する、(3)雇用主罰則(三年以下の懲役または二〇〇万円(その後三〇〇万円に)以下の罰金)の新設(第七三条の二)、(4)就労できる外国人には「就労資格証明書」を交付できることとした(第一九条の二)、などである。

入管法改正後の〝意外〟な結果は、日系人の急増となってあらわれた。現実には、ブラジル人、ペルー人が急増しており、以下、この両国の人を日系人(日本人の二世、三世)とする。その状況を見るために、各年末現在の外国人登録数から見たブラジルとペルーの推移を表Ⅷ－1として掲げる。

ブラジルでは、当時の日本の雑誌〝*B-ing*〟ならぬ〝*Go-ing*〟という出稼ぎ情報誌が、日本語・ポルトガル語の対訳で発刊されたという。

自民党外国人労働者問題特別委員会は、当面の措置として日系人の特別受け入れを掲げていた(『自由民主』一九八九年一一月号参照)。その反映かと思われるが、法改正で、日系人はたとえ非熟練労働であっても、就労については、まったく制限を受けない扱い、とされたのである。

ブラジル人およびペルー人がとくに多いのは、I章でも見たように愛知、静岡、神奈川の三県で、いずれも自動車関連企業が集中している。愛知にはトヨタが、静岡にはスズキ、ホンダ、ヤマハが、そして神奈川にはニッサン、いすゞ、がある。

日本が世界に誇るはずの自動車産業だが、その下請け、孫請けは、就労が自由化された日系

表 Ⅷ-1　入管法改正による日系人の急増(単位:人)

年	ブラジル	ペルー	合　計
1988	4,159	864	5,023
89	14,528	4,121	18,649
90	56,429	10,279	66,708
91	119,333	26,281	145,614
92	147,803	31,051	178,854
93	154,650	33,169	187,819
94	159,619	35,382	195,001
95	176,440	36,269	212,709
96	201,795	37,099	238,894
97	233,254	40,394	273,648
98	222,217	41,317	263,534
99	224,299	42,773	267,072
2000	254,394	46,171	300,565
01	265,962	50,052	316,014
02	268,332	51,772	320,104
03	274,700	53,649	328,349
04	286,557	55,750	342,307
05	302,080	57,728	359,808
06	312,979	58,721	371,700
07	316,967	59,696	376,663
08	312,582	59,723	372,305
09	267,456	57,464	324,920
2010	230,552	54,636	285,188
11	210,032	52,843	262,875

(91〜11:ここから図Ⅷ−2に登場)

出典:法務省『在留外国人統計』(各年末現在)より作成.

人を大量に吸収したのである。

日系人の入国・在留は日本人との身分関係にもとづくもので、〝本来〟は外国人労働者の受け入れとは無関係なのである。そこに日本の政策の〝歪み〟が投影している。

さきに見た図Ⅷ－2には、表Ⅷ－1に掲げるブラジル人、ペルー人の合計数をもう一つの折線グラフとして加えてある。日系人の在留数のピークは、二〇〇七年末となっている。翌年秋のリーマン・ショックによる経済不況は日本の自動車産業も直撃し、日系人がまっ先に解雇される事態をもたらし、大きな社会問題ともなった。

政府は、二〇〇九年四月からハローワーク（公共職業安定所）を実施主体とする「日系人離職者に対する帰国支援事業」を開始。帰国を決意した者に対し、同じ在留資格による再度の入国をおこなわないことを条件に、帰国支援金（一人三〇万円、扶養家族は一人二〇万円）を支給することとした。この事業は、二〇一〇年三月末で終了し、ブラジル人二万五三人、ペルー人九〇三人などが支援事業で帰国した（厚生労働省発表）。

図Ⅷ－2において、二つの折線グラフがともに下降しているのは、リーマン・ショックなどの影響と見てよかろう。

一方、その影響は、日系人の子どもが通うブラジル学校をも直撃することとなる。日本のブラジル学校で構成される日本ブラジル学校協議会が調べたところによると、データが確認できた七三校について、二〇〇八年六月、一万一四二九人の児童生徒が在籍していたが、同年一〇月には八〇〇三人に減少し、翌年六月には四三八〇人にまで激減したという。一年間で七〇四九人の児童生徒が、ブラジルへ帰国、日本の学校への転校、または自宅待機(不就学)を余儀なくされたと見られる(小島祥美「経済不況で苦境にあるブラジル学校の実態」『自治体国際化フォーラム』二〇一〇年六月号)。

二〇〇八年一一月、大阪で開かれた多民族共生教育フォーラムでの、ブラジル人の小学五年生の女の子の発言を思い出す。「こぶとりなのは私だけでないのに、私だけがデブといわれ、メガネをかけた子がほかにもいるのに、私だけがメガネ猿とからかわれました。ブラジル学校に移って、やっと楽しい学校になりました。でも、父さんが失業したので、また日本の学校に戻らねばなりません。でも、私ガンバリます」と言葉をつまらせたのである。

日系人はもちろん外国人であり、その言葉、文化、思考、風俗、習慣において、日本人と異なるのは、他の外国人と大差ないことはいうまでもない。外国人労働者が増えると〝摩擦〟が増えるというが、それは日系人の場合も変わるところがない。企業城下町の愛知県・豊田市教育委員会が、早くも一九九〇年一二月、ポルトガル語しかできない小・中学生が増えたため、「日本語・ポルトガル語会話の手引き書」を作成したのは象徴的である。

在外邦人と在日外国人

ところで、在日外国人について見るとき、在外邦人についても見ておきたい。

外務省は、旅券法一六条にもとづき、九〇日以上滞在する者からの報告をもとに、毎年、在外邦人数を発表している。二〇一〇年の統計によると、その総数は約一一四万人に達している(表Ⅷ－2)。未届けのものがかなりあり、実数はこれを大きく上まわるといわれるが、この統計によるしかない。

なお、ここには、日本国籍をもたない「日系人」は含まれない。

表Ⅷ－2を見ると、〇印を付した五カ国以外は、すべて長期滞在者のほうが大きな数となっている。なかでも、中国、タイ、シンガポール、台湾、インドネシアでは、永住者の一〇倍以上の長期滞在者が在留している。

在外邦人に関する統計は、このように「長期滞在者」と「永住」にわけられる。

また、長期滞在者の内訳は表Ⅷ－3の通りである。

在外邦人の過半数は、民間企業関係者が占めていることがわかる。この本の前の版では約四〇％だったので、企業の海外進出がそれだけ進んだことを示している。

在日外国人は二〇一一年末現在、約二〇〇万人であるが、そこから特別永住者約四〇万人を除くと約一六〇万人になる。

一方、在外邦人は約一一〇万人。そのうち、民間企業関係者が約四〇万人になる。

表 Ⅷ-2　主要国における，長期滞在者，永住者別の在外邦人数（2010 年 10 月 1 日現在，単位：人）

	長期滞在者	永住者	合　計
1 アメリカ	240,305	148,152	388,457
2 中　国	129,805	1,729	131,534
③オーストラリア	31,312	39,544	70,856
4 イギリス	47,423	14,703	62,126
⑤ブラジル	2,413	55,961	58,374
⑥カナダ	21,465	32,971	54,436
7 タ　イ	46,232	1,019	47,251
8 ドイツ	27,451	8,274	35,725
9 韓　国	21,545	7,519	29,064
10 フランス	20,792	6,228	27,020
11 シンガポール	23,041	1,507	24,548
12（台　湾）	19,902	1,657	21,559
13 フィリピン	13,726	4,476	18,202
⑭ニュージーランド	6,395	7,174	13,569
15 イタリア	8,166	4,021	12,187
⑯アルゼンチン	491	11,300	11,791
17 インドネシア	10,856	845	11,701
その他	87,468	37,489	124,957
合　計	758,788	384,569	1,143,357
	（男）400,357	148,372	548,729
	（女）358,431	236,197	594,628

出典：外務省『海外在留邦人数調査統計（平成 23 年版）』2012 年より作成．

表 Ⅷ-3　在外邦人のうち長期滞在者の内訳
(2010 年 10 月 1 日現在，単位：人)

区　分	本　人	同居家族	合　計(%)
民間企業関係者	231,827	179,923	411,750(54.3)
留学生・研究者・教師	141,827	28,382	170,209(22.4)
自由業	23,419	15,447	38,866(　5.1)
政府関係職員	14,274	10,010	24,284(　3.2)
報　道	1,675	1,632	3,307(　0.4)
その他	67,050	43,322	110,372(14.5)
合　計	480,072	278,716	758,788(100.0)

出典：表Ⅷ-2 と同じ.

そして在日外国人のうち、表Ⅰ－3の上段、すなわち専門職に技能実習を加えた数は約三四万人になる。

こうした、内と外を対比することも必要であろう。

次に、もう一つの対比として表Ⅷ－4を作ってみた。

この表では、いずれも永住者を除いてあるが、在外邦人の在外公館への届出が実数をかなり下まわることを考えると、合計欄の両者の差はさほどないと思われる。この表で○印を付けた五カ国を除くと、いずれも在外邦人のほうが在日外国人を大きく上まわっている。したがって、相手国の側から見ると、人の移動・移住という点では、日本の〝出超〟が目だつのである。

日本における今日の外国人労働者問題の議論の仕方には、こうした、在外邦人との対比という「内と外」の視点が欠けているのである。

日本人の海外移住史

また、「今と昔」という視点も欠けてはいないだろうか。欧米のことが紹介されるわりには、日本自身の歴史を振りかえることがあまりにも少ないのである。外国に働きに出るのはどういうときなのか、外国から人を受け入れるのはどういうときだったのか。いますこし事実に即して冷静に考察すると、そこから何が見えてくるか考えてみたい。

表 Ⅷ-4　在外邦人と在日外国人（ともに永住を除く．単位：人）

	在外邦人	在日外国人
1 アメリカ	240,305	36,125
② 中　国	129,805	490,663
3 イギリス	47,423	11,147
4 タ　イ	46,232	26,695
5 オーストラリア	31,312	7,278
6 ドイツ	27,451	3,415
7 シンガポール	23,041	1,692
⑧ 韓　国	21,545	99,907
9 カナダ	21,465	6,951
10 フランス	20,792	6,800
11 （台　湾）	19,902	―
⑫ フィリピン	13,726	109,772
⑬ インドネシア	10,856	20,323
⑭ ベトナム	8,462	34,329
15 マレーシア	8,445	6,057
その他	88,026	229,829
合　計	758,788	1,090,983

台湾は中国に含まれているため不詳．
出典：外務省『海外在留邦人数調査統計』（2010年10月現在の数字），および法務省『在留外国人統計』（2011年末現在の数字）より作成．

日本における出稼ぎ外国人労働者は、当初「ジャパゆきさん〔くん〕」とも呼ばれたが、それはかつての「からゆき〔唐行き〕さん」という言葉をもじったものである。今村昌平監督の映画『女《ぜ》衒《げん》』（一九八七年製作）は、からゆきさんを東南アジアに送り出した斡旋業者、

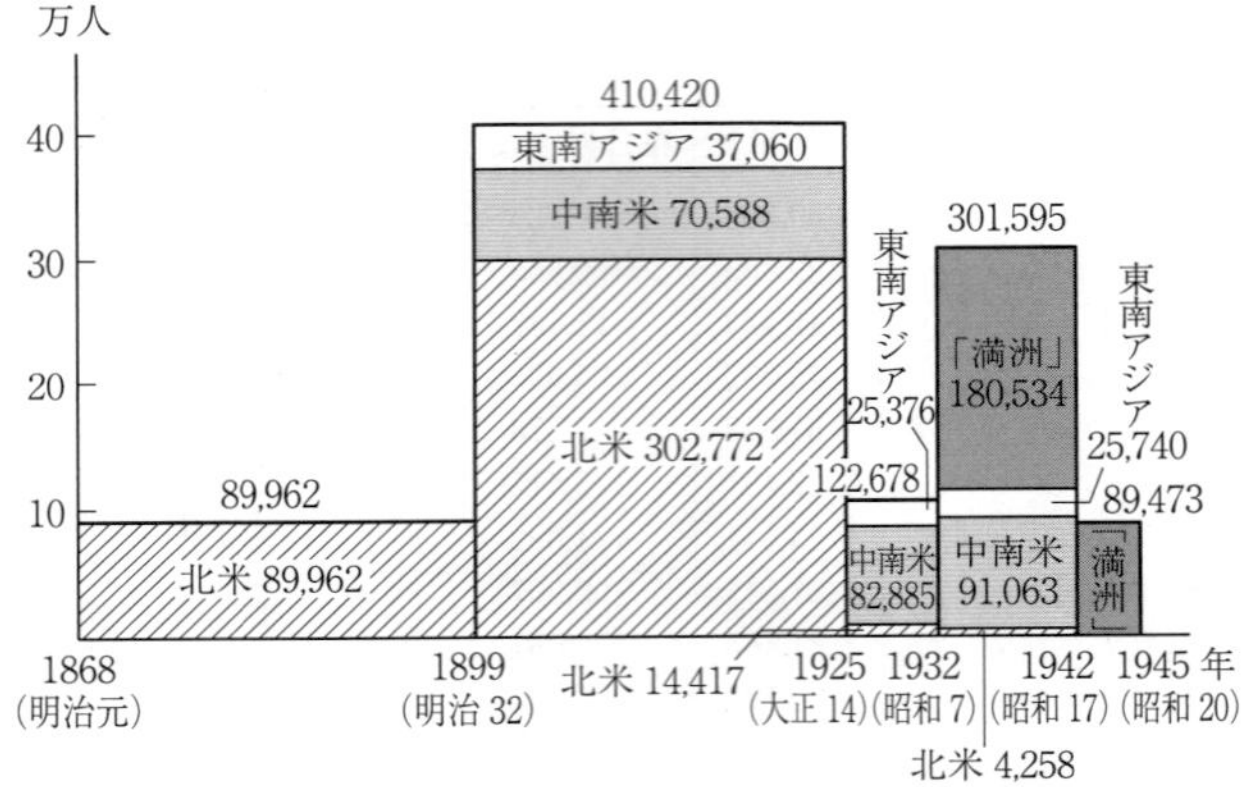

出典：外務省・国際協力事業団『海外移住の意義を求めて』(1979 年)より作成.

図 Ⅷ-3　戦前における日本人の海外移住

村岡伊平治が主人公で、いまなら、さしずめリクルーターということになろう。山崎朋子さんの『サンダカン八番娼館』(筑摩書房、一九七二年)や森崎和江さんの『からゆきさん』(朝日新聞社、一九七六年)には、貧しい時代の日本人がその家族を支えるために、海のかなたまで出稼ぎにいったようすが描かれている。

南は赤道直下の東南アジアから、北はシベリアにまでおよんだという。愛知県立大学での同僚だった倉橋正直氏の調査研究によると、南方に出向いたものより、北方のほうが多かったという(『北のからゆきさん』共栄書房、一九八九年)。

日本は、「からゆきさん」だけではなく、決して少なくない数の「移民」を送り出している（図Ⅷ－3）。出典には毎年の数字があるが、ここでは歴史の流れにそって五期に整理してみた。

第一期は北米にのみ出向いた時期である。一八六八（明治元）年、早くも「元年組」がハワイに渡ったのは有名な話である。一八八五年には、いわゆる「官約移民」第一船がハワイに向けて出港し、九四年までに二六回の移民船が、約三万人を運んでいる。

一八九四年四月には移民保護規則（勅令四二）が制定されるが、それは民間につぎつぎに出現した移民斡旋業者、すなわち「利を図るが為に良民を煽動するの徒《やから》」を取り締まるためだった。その第一条には、「本令において移民と称するは、労働を目的として外国に渡航する者を言い、移民取扱人と称するは何等の名義をもってするに拘らず、移民を募集しまたは移民の渡航を周旋するをもって営業となす者を言う」（原文片仮名。句読点を付し、現代仮名遣いに改めた）とある。当時の日本の姿が浮かんでこよう。

日米移民摩擦

第二期は一八九九年から始まる。一九〇三年、フランス留学の途中アメリカに立ち寄った永井荷風は、後に『あめりか物語』を書くが、そこには「彼らは、外国で三年の辛苦をすれば、国へ帰って有福な十年を作る楽の種である」（岩波文庫、二〇〇二年改版）というくだりがあり、当時の荷風のアメリカ見聞を綴ったものであろう。

『ハワイ、アメリカ出稼出世の宝』（渡辺四郎、一九〇一年）などの書物が、つぎつぎと出版されたのもこのころである。なかには、「一人」が出かければ、彼自身が利益を得るだけでなく、彼が占めていた職を「他の一人」が埋め、さらにハワイで成功して日本の物産をとりよせれば、「三番目の人」が日本で職を得ることができ、〝一人の移民は、三人の利益〟と説いたものもある。

しかし、アメリカへの日本人移民の流れは、やがて日米の外交問題となり、〝日米移民摩擦〟に発展するのである。「日本人労働者は学生と称し、または無資力の商人として入国し、ただちに労働者となるものが多い」とは、当時のルート米国務長官が青木周蔵駐米大使に指摘した一節である。日本で一九八〇年代後半に問題になった〝偽装留学生〟を、当時はほかでもない日本人がアメリカでおこなっていたのである。

一九〇七～〇八年の移民制限に関する「日米紳士協約」が成立するようになると、アメリカへの「密航者」も見られた。四国の宇和島近辺を調査した好著『アメリカの風が吹いた村』(村川庸子、愛媛県文化振興財団、一九八七年)によると、三つの方法がとられている。⑴漁船(全長一五メートルほどの帆船で、打瀬《うたせ》船と呼ばれた)による太平洋横断、⑵船員手帳を闇ルートで入手、寄港地で脱船、⑶外航船と結託した周旋人に依頼し船内に潜入する方法、である。一九二〇年一月、当時の駐サンフランシスコの大田為吉総領事も、不正入国者数は「八～九〇〇〇人ないし一万人」と報告している。

村川氏は、宇和島での聞きとりで耳にした、「アメリカ熱が昔ありましてな。〝アメリカの風が吹いた〟とも言いよりました。アメリカいうたら、（お金が）ころんどるように、皆行きよりましたのよ」という老婆の話を紹介している。

日米移民摩擦は、ついに一九二四年の排日移民法の制定にまでいたるのである。以降のアメリカへの移民の激減ぶりは、図Ⅷ－3でも一目瞭然であろう。

フィリピンに渡った人びと

移民の行き先に東南アジアがあることに驚くかもしれないが、もっとも多いのは、皮肉にもフィリピンである。たとえば、一九〇三～〇四年、マニラからバギオに抜ける、熱帯下の山岳地帯を切り開くベンゲット道路の工事には、五〇〇〇人の日本人が人夫として海を渡っている。一八九八年にアメリカ領となったフィリピンでは、契約移民は禁止されていたので、この出稼ぎは〝不法〟だったのである（早瀬晋三『「ベンゲット移民」の虚像と実像』同文舘出版、一九八九年）。

そのころ口ずさまれた歌には、「命が欲しくなけりゃベンゲットへ行け　金が欲しくなけりゃマラバトへ行け」とあったという。マラバトのアメリカ軍兵舎建設は、危険が少ないかわりに賃金が安く、逆にベンゲットは賃金がいいかわりに生命の保証はない、というのである。

フィリピン向け渡航のもうひとつの山は、一九一六～一八年にかけて、南部ミンダナオ島ダバオのマニラ麻のプランテーションに、約七〇〇〇人の日本人農民が密航などで渡った時期である。いわゆる〝ダバオ開拓〟である。

中南米から「満洲」へ

一九二五年からの第三期、つまりアメリカ移民の道が閉ざされると、第二期からすでに登場していた中南米が、大きな比重を占めてくる。一九九〇年七月にはフジモリ大統領(一九三八年生)が誕生するが(〜二〇〇〇年)、その両親が熊本からペルーに渡ったのは一九三四年のことである。

一九三一年、日本は満洲事変をおこし、翌年三月に中国東北地区に「満洲国」を建国すると、大量の「満洲移民」が〝新天地〟に送り込まれた(第四期)。今日の「中国残留孤児」問題が、そこに起因することはいうまでもない。

そして、一九四一年一二月、アジア太平洋戦争に突入すると、移民の行き先はかろうじて「満洲国」だけとなる(第五期)。

かくて、明治の初頭から第二次大戦の終結までのあいだに、外務省に記録されているものだけでも一〇〇万の人びとが日本をあとにし、その多くが今日の日系人となっているのである(「満洲移民」は、敗戦後引き揚げる)。

なお表Ⅷ－5には、図Ⅷ－3には含まれない、植民地となった朝鮮、台湾、およびそれ以外の在外日本人数をあげた(「満洲」は在外邦人に含まれる)。日本支配地域の日本人数が、合計のほぼ半分を占めていた。図Ⅷ－3が各年の移民出国数の統計であるのに対し、表Ⅷ－5は、各時

表 Ⅷ-5　在外日本人数の推移(単位：人)

年	在朝鮮日本人	在台湾日本人	それ以外の在外邦人	合　　計
1900	15,829			
05	42,460	59,618	*1(138,591)	240,669
10	171,543	98,048	275,745	545,336
15	303,659	137,229	362,033	802,921
20	347,850	166,621	541,784	1,056,255
25	443,402	139,630	618,429	1,201,461
30	527,016	232,299	740,774	1,500,089
35	619,005	269,798	1,146,462	2,035,265
40	707,742	346,663	*2(1,421,156)	2,475,561
44	712,583	*3(397,090)	—	—

*1 は 1904 年，*2 は 1938 年，*3 は 1943 年の数字．－は不明．
出典：在朝鮮日本人数は，森田芳夫『朝鮮終戦の記録』(巌南堂書店，1964 年)．在台湾日本人数は，台湾省行政長官公署統計室『台湾省51 年来統計提要』(台北，1946 年)．在外邦人数は外務省『海外在留邦人数調査統計』(1988 年)．以上より作成．

点における現在数の統計ということになる。

日本のおこなった強制連行

今日の外国人労働者問題の議論のなかでは触れられないが、日本は〝送り出し〟だけでなく、〝受け入れ〟についても「歴史」を持っている。

日本による韓国併合は一九一〇年のことであるが、その年の在朝鮮日本人数は、すでに一七万人余に達している（在台湾日本人は約一〇万人、表Ⅷ－5参照）。その職業別分類を見ると、「商業を中心とした生業的渡航」が中心となっている。台湾についても事情は同じであろう。

一方、在日朝鮮人数は、一九一〇年統計は欠けているが、一九〇九年が七九〇人、一九一一年でも二五二七人にすぎない（表

Ⅱ－1参照）。前に見た移民もふくめて、決して少なくない数の日本人が、日本の外に生活の糧を求めていたことがわかる。

そして、以降も一貫して在朝鮮日本人数の増大がつづくが、ちょうど一九三五年を境に、初めて在日朝鮮人数のほうがそれを上まわることになる。一五年戦争期に入り、やがて中国への全面侵略戦争に突入し、国家総動員法が制定（一九三八年）されると、朝鮮人、中国人に対するいわゆる「強制連行」という手段をとった労働力移入政策が敢行《かんこう》されたからである。

一九三九年七月の「朝鮮人労務者内地移住に関する件」（内務・厚生両次官通牒）、さらに四二年一一月の「華人労務者内地移入に関する件」（閣議決定）である。在日朝鮮人数はうなぎのぼりに増大していき、敗戦時には二三〇万に達していたといわれる。

朝鮮人と中国人の強制連行に関する統計として、**表Ⅷ－6**と**表Ⅷ－7**を掲げておく（朝鮮人は「帝国臣民」であったかもしれないが、中国人は外国人であったことはいうまでもない）。

強制連行について詳しく触れることはできないが、二、三付記しておきたい。当時の図書のひとつに『特殊労務者の労務管理』（前田一＝北海道炭礦労務部長、山海堂、一九四三年）がある。その序にいわく、「工場鉱山における労力構成の根幹たるべき本来の内地人労務者は既に給源の不如意を招来し、（中略）鮮人（原文ママ）、華人、白人の外地労力を吸収し」と。

それは、「前篇　鮮人」と「後篇　苦力《クーリー》」にわかれ（「鮮人」、「苦力」ともに蔑称）、もっぱら朝

表 Ⅷ-6　日本に強制連行された朝鮮人(単位：人)

年	炭　鉱	金属鉱山	土　建	工場他	合　計
1939	34,659	5,787	12,674	—	53,120
40	38,176	9,081	9,249	2,892	59,398
41	39,819	9,416	10,965	6,898	67,098
42	77,993	7,632	18,929	15,167	119,721
43	68,317	13,763	31,615	14,601	128,296
44	82,859	21,442	24,376	157,795	286,472
45	797	229	836	8,760	10,622
計	342,620	67,350	108,644	206,113	724,727

出典：大蔵省『日本人の海外活動に関する歴史的調査』1947 年より作成.

鮮人、中国人に関する労務担当者用の〝虎の巻〟となっている。その本の奥付に初版五〇〇〇部、再版五〇〇〇部、とあるところを見ると、ずいぶん売れたのかもしれない。

戦争末期にはアメリカ軍の空襲から逃れるため、天皇を始めとする国家機関の中枢を長野県松代町(現在は長野市)の地下に移すこともふくめ、多くの地下軍需工場が建設されるが、そこには大量の朝鮮人や中国人が投入された(『地下工場と朝鮮人強制連行』明石書店、一九九〇年参照)。それらにたずさわった多くの企業は、戦後になると〝損失〟をこうむったとして「国家補償金」を獲得している。

『極秘・華鮮労務対策委員会、活動記録』(日本建設工業会、一九四七年)を見ると、朝鮮人二万二五〇〇人、中国人一万三六二一人について、明細を付して一億二一五九万円余を請求し、商工省(現在の経済産業省)および厚生省

表 Ⅷ-7　日本に強制連行された中国人
（単位：人）

産業	業種	事業場数	人員数
土建業	発電所建設	13	6,076
	飛行場建設	8	3,428
	鉄道港湾建設	6	1,575
	地下工場建設	6	2,148
	工場建設	1	580
	鉄道除雪	2	666
	（小計）	（36）	（14,473）
鉱工業	石炭採掘	42	17,433
	銅鉱採掘	9	4,382
	水銀鉱採掘	7	3,077
	鉄鋼採掘	6	1,397
	他の鉱石採掘	5	999
	精錬	1	132
	（小計）	（70）	（27,420）
造船業		4	1,210
荷役業		25	8,073
総計		135	51,176

連行数は約4万であるが，事業場間の移動をふくむのべ人数となっている．
出典：外務省『華人労務者就労事情調査報告書』1946年．

から合計四五九五万三〇〇〇円を獲得している。同記録も、「〔要求の〕三分の一強に該当することとなり、実績とは比較するだに些少《さしょう》なりというも、運動の成果としてはまずまず成功」と自賛している。

こうした国家補償金の支出から逆算すれば、政府が朝鮮人、中国人の強制連行の全体を数量的に把握することも、その気になれば可能ではなかろうか。

中国人についての『華人労務者就労事情調査報告書』（外務省、一九四六年）は、「総出炭量一三八九万瓲《トン》中一五三万瓲、即ち総出炭量の一一％が華人労務者により採掘せられたるものなり」（第三分冊）と、その〝貢献〟を認めている。

しかし、当の朝鮮人や中国人へは補償はおろか、その生死さえ不問に付されてきたのである。

人種差別撤廃を提議

第一次世界大戦後に開かれたベルサイユ講和会議において、日本政府は一九一九年二月、「人種差別撤廃」を提議している。国際連盟規約委員会において、牧野伸顕《のぶあき》代表は、「国民平等の主義は国際連盟の基本的綱領なるに鑑《かんが》み、締約国は連盟員たるすべての国家の人民に対し、その人種および国籍の如何により、法律上または事実上、何等の区別を設くることなく、一切の点において均等公平の待遇を与うべきことを約す」という字句を、規約のなかに盛り込むよう求めたのである。このとき、若き外交官吉田茂(戦後、首相となる)は、牧野代表の随員として参加していた。

この提案はあえなく否決されてしまうが、一九一九年二月五日、築地の精養軒では大々的な「人種差別撤廃期成大会」が開かれ、各種の論調もいっせいに日本の正義を訴えている。これらはすべて、日米移民摩擦を背景としており、アメリカにおいて日本人移民が受ける冷遇、差別への思いから発していたことはいうまでもない。

皮肉なことに、朝鮮で三・一独立運動が始まったのは、その直後である。また、一九一九年三月一一日付の『北京デーリー・ニュース』には、日本は台湾の少数民族に対して、絶滅方針をとったり、朝鮮に対しては不当な併合をおこなっているので、人種差別撤廃を提議する資格はない、との批判がのったという(若槻泰雄『排日の歴史』中公新書、一九七二年参照)。

日本の近現代史を振り返れば、そこには送り出した人びとについて、また受け入れた人びとについて、充分すぎるほどの〝歴史の教訓〟が残されている。

外国人労働者の受け入れ

日本の外国人労働者論議のなかで、当初必ず引きあいに出されたのが、西ドイツ(当時)のトルコ人労働者のことである。そして、もし外国人労働者を安易に受け入れると、後に教育、住宅、社会保障などさまざまな難題を残すことになる、といわれた。しかし、日本はそれを「もし」で語れる立場にあったのだろうか。在日朝鮮人問題という厳粛な事実に目をそむけたままで、今日の外国人労働者の問題を論議することは、歴史をないがしろにすることではなかろうか。

一九八九年の入管法改正案の審議の際、ある国会議員が、参考人に対し、西ドイツの外国人労働者受け入れは失敗だったのでは、と質問した。それに対して、答弁に立ったヒルシャー氏(南ドイツ新聞特派員)が、「〔ドイツの政策が〕失敗とはとんでもないと思っています。〔中略〕本当の意味の国際化についてドイツ人に大きな教訓を与えたわけですね。違う人ともやはり生活が一緒にできる。〔中略〕一緒に学校に通って、後で一緒に仕事をする」(参議院法務委員会議録第二号、一九八九年一二月五日)と述べるのを、私は隣席で印象深く聞いた。

外国人労働者の増加が顕著になった時期は、一九八五年九月のプラザ合意(先進五カ国蔵相・中央銀行総裁会議)によって「円高・ドル安」が容認されたことが、ひとつのメルクマールとなった。八五年の対ドル円価は二三八円だったのが、翌年には一八六円に達し（二〇一三年は一〇〇円前後）、それだけ内外の所得格差も拡大したのである。

二四時間、飛行機の運用可能な関西国際空港もオープンしたが、それは日本人の出国だけでなく、当然外国人の入国増をも、もたらすのである。さらにいまや、日本は外国人労働者なしには成り立たない状況に近づきつつあるのではなかろうか。

「研修生」とは

前に見た日系人の就労自由化が日本の外国人労働者政策の歪みのひとつであるとすれば、もうひとつは〝国際貢献〟を掲げる「研修生」をめぐる問題である。日系人の受け入れは一九八九年の入管法改正によって始まったが、研修生については、一九九一年にひとつの動きがあった。

一九九一年一〇月に法務・外務・通産・労働の四省共管（のちに建設省も参加）の財団法人国際研修協力機構（ＪＩＴＣＯ）が発足し、経済四団体（当時）もこれをバック・アップした。同機構は、「研修生の受け入れを考えても、ノーハウがないため断念している中小企業への支援が中心」という。

この年の一二月には、第三次行革審（臨時行政改革推進審議会）が答申で「外国人技能実習制度」の創設を提唱した。それは、働きながら技能を実習するもので、滞在期間を二年に制限、対象職種も限定し、一定の「研修」の後に技能検定を受け、その後は「就労」が認められ、労働関係法令および社会保険関係法令も適用される、というものである。

同じ一二月には、財団法人中小企業国際人材育成事業団（IMM JAPAN、労働省認可。現在は、公益財団法人国際人材育成機構、IM JAPAN）が発足し、「日本の中小企業の発展と国際貢献に寄与する」ため、「インドネシア政府より毎月一五〇〇～二〇〇〇人の研修生を送り出す予定」との全面広告を各紙に掲げたが（一九九二年末から九三年初め）、広告通りには進まなかったようだ。

法務省は一九九三年四月、大臣告示「技能実習制度に係る出入国管理上の取扱いに関する指針」を公布することによって、新しい制度を正式に発足させた。当初は「研修」で入国・在留するが、就労に移行する際には在留資格を「特定活動」（法務大臣が個々の外国人について、とくに指定する活動）に資格変更することによって、正式に就労を認めるというもの。要するに、入管法改正をおこなうことなく、就労を認める在留資格が〝発明〟されたのである。

かつての「強制連行」は、自由募集、官斡旋、徴用の三段階に区分されたが、日系人の特別受け入れは〝自由募集〟に、そして技能実習生は〝官斡旋〟にあたるかもしれないといえば、あまりに大胆なアナロジーにすぎるだろうか。

外国人労働者の顕在化

法務省は、研修生制度を手直しして「技能実習」を〝創作〟したが、そのための法改正をおこなわず、「特定活動」のなかにもぐり込ませたことは前に述べた通りである。そのためか、外国人登録の統計発表においても、〃小細工〃を施してきた。すなわち、たとえば二〇〇九年末の統計までは「特定活動」は「留学」についで多い一三万六三六人となっているのに、新聞発表などでは「その他」のなかに含ませて、その実数が見えない〃工夫〃がなされた。したがって「その他」は、異常に大きな数字となっていた（もちろん、『在留外国人統計』の本体を見れば、その実数を知ることはできる）。

そして、法改正によって「技能実習」が正式に在留資格として認知されたので、二〇一〇年末の統計からは、その実数を容易に知ることができる。ちなみに、同じ年末の技能実習生、すなわち労働関係法令が適用される外国人労働者は一〇万八人と、決して少なくない。それがようやく顕在化されたのである。

一方、労働省（当時）は、一九九三年以降、雇用主に外国人雇用状況報告を求めることとした（永住者、特別永住者はその対象外）。二〇〇七年六月、「雇用対策法」を改正し、公共職業安定所長への届出を義務化するとともに（同法二八条）、「特別永住者」はその対象外とした。

表Ⅷ－8は、厚生労働省が見た外国人労働者の現状である。外国人雇用状況の届出には、「在留資格」、「在留期間」、「資格外活動の許可」などが確認されるため、この表のような区分が可能なのである。

「身分に基づく在留資格」は、表Ⅰ－3（三九ページ）の下段にある「永住者、日本人の配偶者

表Ⅷ-8　外国人雇用状況の届出状況(各10月現在，単位：人)

区　分	2010年(%)	2011年(%)
身分に基づく在留資格	296,834(45.7)	319,622(46.6)
技能実習	11,026(1.7)	130,116(19.0)
特定活動	123,342(19.0)	5,939(0.9)
専門的・技術的分野	110,586(17.0)	120,888(17.6)
資格外活動	108,091(16.6)	109,612(16.0)
不　明	103(0.0)	69(0.0)
合　計	649,982(100.0)	686,246(100.0)

出典：『厚生労働白書』(各年)より作成．

等、永住者の配偶者等、定住者」である。「専門的・技術的分野」は同じ表の上段で「技能実習」を除いたものであり、また「資格外活動」は留学生などによるアルバイトを指している。そして、「技能実習」と「特定活動」は、二〇〇九年の入管法改正によって新設された技能実習およびそれ以前の特定活動のなかに含まれていたものを指しており、ちょうどその移行が表Ⅷ－8には反映されている。

二〇〇九年七月の入管法改正(二〇一〇年七月施行)によって生まれた「技能実習」は、従来問題の多かった「研修・技能実習」から労働関係法令が適用される技能実習を切り離して設けられた新しい在留資格である。それは「一号イ」、「一号ロ」、そして「二号イ」、「二号ロ」の四種に区分けされている(表Ⅰ－3では、この四種の合計のみを掲げた)。

一号の在留資格で入国し、所定の講習を経たうえで雇用関係の下で技術・技能を修得し、さらに所定の技能評価試験(六六職種一二二作業)に合格したものは、二号への在留資格変更を受け、一号と合わせて最大三年間、日本で就労できる制度である。すなわち、日本型ローテーション方式による外国人労働者の受け入れ政策といってよかろう。

技能実習生　次に、**表Ⅷ-9**により、技能実習生の新規入国数と在留数を掲げる。

一号と二号の違いはすでに説明したが、イとロの違いも見ておきたい。

イは「企業単独型」とも呼ばれ、海外にある日本企業または日系企業の職員が、雇用契約にもとづき、その日本にある事業所で技能などを修得する活動。ロは、「団体監理型」とも呼ばれ、商工会議所、商工会、中小企業団体、農業協同組合、漁業協同組合、公益社団・財団法人など営利を目的としない団体の監理のもとに、雇用契約にもとづき、技能等を要する業務に従事する活動、とされている。

なお、「企業単独型」から「団体監理型」への変更またはその逆の変更は認められないとされている。

表Ⅷ-9で明らかなように、「団体監理型」が圧倒的な部分を占めており、また、その出身は中国とベトナムに特化していることがうかがえる。

外国人労働者に関連して雇用対策法に第六章として「外国人の雇用管理の改善、再就職の促進等の措置」が新設されたのは、二〇〇七年七月であり、新しい「技能実習」制度の法改正が施行されたのは二〇一〇年七月である。しかし、技能実習生をとりまく問題は、さして変わっ

表 Ⅷ-9 「技能実習」の新規入国数と在留数(2011 年，単位：人)

			新規入国数(2011 年)	在留数(2011 年末)	同内訳(第 2 位まで)
技能実習	1 号	イ)	5,178	3,991	中国 2,182，フィリピン 475
		ロ)	60,847	57,187	中国 43,288，ベトナム 6,125
	2 号	イ)	0	2,726	中国 1,713，ベトナム 400
		ロ)	227	78,090	中国 60,418，ベトナム 6,553
合　計			66,252	141,994	中国 107,601，ベトナム 13,524

出典：新規入国数は『出入国管理統計年報』2012 年，
在留数は『在留外国人統計』2012 年より作成.

ていないようだ。

実習生をとりまく問題

「外国人研修生権利ネットワーク」は、研修生・技能実習生の〝かけ込み寺〟として活動してきた市民団体で(『外国人研修生　時給三〇〇円の労働者』明石書店、二〇〇六年を刊行)、札幌、新潟、東京、福井、長野、大阪、熊本などに関連団体がある。同ネットワークが把握した事例の一端を紹介したい。

二〇一一年一〇月、石川県白山市の縫製工場の中国人女性実習生四人は、残業代が最低賃金を下まわり、賃金未払いも続いているとして、金沢労働基準監督署に福井の市民団体が是正勧告を求めた。翌年一月、和解が成立したという。同社は実習実施機関で、その監理団体は石川県輸出縫製品工業協同組合である。

市民団体が入手したある会社の技能実習生に対する「生活・厳守事項」には、たとえば「寝るときは暖冷房は使用しない」、「携帯電話の所持を禁止する」、「〇〇市以外へ出かける時は、事前に寮長に連絡し許可をとる」などとある。

こんな事例も報告されている。帰国を強制された中国人女子実習生は、「私の身体はずっと良好だったです。私が自ら帰りたいと言ったことはありません。私たちの社長は、私が他人と恋愛していると言って私を強制帰国させたのです」と手紙を寄せている。彼女たちがサインさせられた「規則」には、「日本人との恋愛を禁止します／中国人との恋愛を禁止します／日本に住んでいる中国人との交流を禁止します。〔中略〕上記の違反で帰国する場合は、渡航費は自己負担になる」などとある。

そして、監理団体、実習実施機関連名の「〇〇入国管理局長殿（写し「国際研修協力機構」行）」宛ての「途中帰国報告書」には、「途中帰国理由――技能実習生本人からの申し出――体調不良」となっていた。しかも、帰国後、中国側の送り出し機関に保証金一万元の返還を求めたところ、日本で三年間を円満に終わっていない以上、返還には応じられない、と回答されている。

新しい技能実習制度については、いくつもの基準省令が公布され、「技能実習生の入国・在留管理に関する指針」（二〇〇九年一二月一二日、一二年一一月改訂。五〇ページ）も策定されている。

そこには、生活指導員、技能実習指導員が配置され、「携帯電話の所持や来客との面会を禁止すること等により親族や友人等との連絡を困難にさせることも、不適切な方法による管理に当たります」とか、「〔監理団体〕は、一月につき一回以上の訪問指導、三月につき一回以上の監査を行う」、「報酬は日本人と同等以上であること」、「送り出し機関が保証金を徴収している場合には、その送り出し機関からの技能実習生の受入れは認められません」などとある。

また、「旅券や在留カードを預かってはいけません」とあるが、実習生は「パスポート保管依頼書」を書かされており、そこには「紛失または盗難にあうと困りますので、私のパスポートをお預け致します。保管してくださいますようお願い致します」とある。「霞が関」の省令や作文が〃絵に画いた餅〃のように思えてしまう。

求められること

韓国でも、研修生について日本と同じような状況にあったが、二〇〇一年に発足した国家人権委員会(国連が設置を求めている国内人権機関、日本では未設置)が実態調査をおこない、二〇〇三年二月、それまでの制度の廃止と外国人雇用許可制などを勧告。同じ年の七月、外国人雇用許可法が制定された。

企業は一定期間求人をおこなったあと、求職者が得られない場合、政府に外国人労働者の雇用許可を申請する。政府は、諸外国とのあいだで労働者の受け入れに関する二国間協定を締結し、受け入れにともなう語学研修などのインフラを整備するとともに、外国人労働者の人権保障を盛り込み、原則として定住は認めない、などが基本設計のようだ。

ひるがえって日本でも、〃国際貢献〃という看板ではなく、労働力人口の減少がつづくことを踏まえ、外国人労働者の権利保障を盛り込んだ外国人労働者政策を真剣に検討すべきではないだろうか。

外国人労働者は「労働力」ではなく「人間」であるとよくいわれるが、はたしてそれが実感できる態勢を日本は築きえているであろうか。

かつて、多くの移民を送り出し、国際社会に人種差別撤廃を訴えたみずからを想起し、いま増加しつつある外国人労働者を、かつて受け入れた朝鮮人の子孫と重ね合わせながら、日本社会を〝ともに生きる〟社会に変革することを、現実はすでに迫っているのである。

終章　ともに生きる社会へ

お隣りの韓国でも，多文化社会に向かっている．そのことを紹介し，8カ国語で出版されている韓国国際交流財団の季刊誌(右)．
高校無償化からの除外と補助金のカットに関する，2013年3月31日の日比谷野音での集会のために来日し，発言する金明俊監督(左．提供：朝鮮新報社)

一九九〇年は、節目の年であった。一九一〇年の「韓国併合」から八〇年、一九四五年の「八・一五」から四五年、そして一九六五年の「日韓基本条約」から二五年にあたった。日韓法的地位協定にいう「九一年問題」、すなわち「協定三世」（六五年に協定永住を得た人の孫）に関する協議の期限も近づきつつあった。

「九一年問題」

この協定には、「日本国政府は、（協定永住者の直系卑属の）日本国における居住については、大韓民国政府の要請があれば、この協定の効力発生の日（一九六六年一月一七日）から二十五年を経過するまでは協議を行なうことに同意する」（同協定第二条第一項）と定められていた。

こうしたなか、九〇年五月、韓国の盧泰愚《ノテウ》大統領が来日した。その際の新しい天皇の「お言葉」は、「わが国によってもたらされたこの不幸な時期に、貴国の人びとが味わわれた苦しみを思い、私は痛惜の念を禁じえません」であった。

新聞にあらわれた〝溝〟

ところで、「日韓基本条約」がむすばれた一九六五年当時の各紙の社説の認識はどうだったのだろうか。三月三一日付の『朝日新聞』の社説「『法的地位』には筋を通せ」は、こう述べている。

「子孫の代まで永住を保障され、しかもそのように広範囲な内国民待遇を確保するとなると、将来この狭い国土のなかに、異様な、そして解決困難な少数民族問題をかかえ込むことになりはしまいか。〔中略〕その意味で将来に禍根を残さないよう、法理上のスジを通しておくことがとくに肝要だといいたい。〔中略〕

韓国併合といった歴史も、これから二十年、三十年の先を考えた場合、それは大多数の日本人にとって、遠い過去の一事実以上のものではなくなるだろう。独立国家の国民である韓国人が、なにゆえに日本国内で特別扱いをされるのか、その説明にそれこそ苦労しなければならない時代が来るのではないだろうか。財産請求権のように、いわば過去の清算に属する事柄と、在日韓国人の法的地位のように、それこそ子々孫々につながるものとは性質が違うのである」

こうした当時の論調をふり返ると、歴史認識なり人権感覚に大きな問題があったのは、単に日本政府当局者だけではなかったのである。越えるべき〝心の溝〟は深かった。

しかし、その後、日本社会の意識は明らかに変わりつつある。各紙の「社説」も、日韓基本条約当時とは違ったものになった。たとえば同じ『朝日新聞』の社説「国際化の足元を固めよう」(一九九〇年四月四日)は、次のように説いている。

「二十五年前の日韓地位協定交渉のとき、国内では『外国人であるのに特権的地位を与えるのは不合理』と、慎重論が有力だった。〔中略〕民族の誇りを持ち続ける外国人に、国籍は違ってもこの国に共に生きる『市民』として安定した暮らしを保障することは、国際化をめざす日本の足元を確かなものにする一歩のはずである」

この論調の変化は、日本社会そのものの〝成長〟を反映しているのではなかろうか。すなわちV章で見た「日立裁判」においては、一方で横浜での裁判の行方を共有しながら、もう一方でそれぞれの地域の足元における現実を具体的に見直す作業に着手することとなった。日本人は身近にいる在日朝鮮人を発見し、在日朝鮮人は今まで知らなかった日本人に出会ったのである。

この新しい回路の誕生は、やがて外国人指紋押捺制度をも突き崩す力となり、社説にも反映されたのであろう。

在日韓国人元政治犯

一九九一年の「日韓覚書」の後は、在日韓国人の処遇問題についての日韓アジア大洋州局長会議が毎年開かれている。そこでは、たとえばVI章で述べた「在日」の無年金問題について韓国側からたびたび提起されているが、日本側は具体的な問題解決をはからないまま、時間がすぎている。

その後、持ち上がった問題も、やはり日韓間で解決されるべき課題である。私も相談を受けて知ったのだが、在日韓国人元政治犯の日本での法的地位をどう回復すべきなのか、なのである。

一九七〇年代から八〇年代の大統領、朴正熙《パクチョンヒ》、全斗煥《チョンドファン》とつづく軍事政権期に、韓国に留学した在日韓国人青年たちのうち、一〇〇人を超える人びとがスパイ活動を働いたとして逮捕、拘留、投獄されたのである。ある日突然、韓国の国軍保安司令部（現、国軍機務司令部）や中央情報部（KCIA、現国家情報院）によって国家保安法、反共法（八〇年、国家保安法に統合）違反として逮捕される。そして激しい拷問を受け、北朝鮮のスパイとの容疑をでっち上げられ、政治犯として数年から十数年の刑に服させられ、なかには死刑判決を受けた者もいる。

韓国は民主化闘争を経て新しい時代を迎え、二〇〇五年五月、「真実・和解のための過去事整理基本法」が制定された。そしてこの法律のもと、整理委員会が設置され、過去の政治犯の再調査をおこなった。在日韓国人の「事件」についても調査（来日調査も含む）が進められて「でっち上げ」が明らかにされ、再審裁判の提起が勧められた。そして、二〇一三年四月現在、再審無罪確定者一〇人、再審無罪判決後、検察側控訴・上告中のもの六人、再審開始決定のもの三人、その他は再審申し立て中、または準備中という。

死刑判決を受け、後に減刑されたが、一三年間獄中にあった康宗憲《カンジョンホン》氏（一九五一年、奈良県生まれ。再審無罪判決後、検察側上告中）は、「私の青春は、日本社会の根強い差別に直面し、民族的アイデンティティ確認に苦悩する日々でした」と綴っている（『死刑台から教壇に』角川学芸出版、二〇一〇年）。私は何人かの話を聞いたが、韓国に留学した動機は、康氏のこのくだりと大同小異で、ここには日本の差別意識が大きくかかわっているのである。

「失われた時間を取り戻す方法がないことが残念です。この判決によって、その痛みを少しでも取り除くことができれば幸いです」。金元重《キムウォンジュン》氏(再審無罪確定者)が二〇一二年三月、再審無罪を受けたときの裁判長の言葉である。

これらの元政治犯は、いずれも「再入国許可」を得て韓国に渡ったが、逮捕、拘留、入獄によって、その期限がすぎ、刑期を終えて日本に戻るときは「新規入国」扱いとされ、「特別永住(旧協定永住)」の地位は失われてしまった。そのため、⑴海外に出国後の日本再入国時は、その都度、空港で「指紋と顔写真」の生体情報を採取される、⑵「在留カード」の常時携帯義務が免除されない、⑶雇用対策法の定める「外国人雇用届」の対象とされるため、就職に際し不利益をこうむる可能性がある。しかも、これらはいずれも、その子どもたちにも引きつがれる、のである。

再審無罪、すなわち冤罪《えんざい》であり、再入国許可の「期限切れ」は不可抗力によるもので、従前の「特別永住」資格は回復されてしかるべきなのである。

外国人と地方参政権

日本で主張されるさまざまな改革のひとつは、「地方分権」(地方主権)である。その具体的な政策のひとつとして、外国人に地方参政権を開放することも含まれよう。

自治体が「住民による、住民のための、住民の政治」をめざすとすれば、そこに外国人住民の地方参政権の問題が含まれてしかるべきである。

まず在留外国人の政治参加の問題には、その国の国籍法制との関係が出てくる。世界の国籍法は、親の血統によって国籍が決まる「血統主義」と、生まれた国の国籍を取得する「生地主義」に大別される。

アメリカ大陸に代表される生地主義国では、外国人の子は出生地の国籍を取得するので、二世はもはや外国人ではなく、参政権問題は一世に限られる。日本は典型的な血統主義をとっており、外国人は何度、世代交代しても外国人であり、参政権を持つことはできない。日本で生まれ育っても、一度も選挙したことのない外国人が決して少なくないのである。

また参政権について考えるとき、国政レベルと地方レベルの違いを認識する必要がある。日本では在外邦人はまったく選挙の投票ができなかったが、裁判提起もあって二〇〇〇年の国政選挙から在外投票が可能となった。

しかし、それは衆・参両院議員選挙だけで、地方レベルの首長や議員の選挙はできない。それはなぜだろうか。現在、在外邦人は約一一〇万人であるが、これらの人びとは日本の「国民」ではあるが「住民」ではないからだ。

つまり、国籍にもとづく国政参政権と、居住にもとづく地方参政権にわかれるのである。逆にいえば、在日外国人は「国民」ではないが「住民」ではあるので、地方参政権を認めることは可能である。

在日韓国人が地方参政権を求めて大阪地方裁判所に提訴したのは、一九九〇年である。それに対して最高裁判所は、九五年二月、請求は棄却したが、「永住者等」について「法律をもって、地方公共団体の長、その議会の議員等に対する選挙権を付与する措置を講ずることは、憲法上禁止されているものではないと解するのが相当である。しかしながら、右のような措置を講ずるか否かは、専ら国の立法政策にかかわる事柄である」と判示した(『判例時報』一五二三号、一九九五年)。

ここでも、国政と地方の区別が前提となっている。憲法九三条第二項も「地方公共団体の長、その議会の議員〔中略〕は、その地方公共団体の住民が、直接これを選挙する」とある。

諸外国の状況

外国人参政権をめぐる諸外国の状況に関する国立国会図書館調べを、**表終－1**にあげる。ここでも国政選挙と地方選挙にわかれており、「国政」を認める国はほとんどないが、「地方」をまったく認めないのは日本だけである。

EUは、域内で相互に地方参政権を開放する条約があり、図表中の△印がそれを示している。フランス、ドイツ、イタリアなどは△印であるが、EU加盟国でもオランダ、スウェーデン、デンマークなどは〇印のため、そこでは日本人も地方選挙ができる。

表終－1中のアジアは日本と韓国だけだが、韓国は二〇〇五年に法改正をおこない、二〇〇

表終-1　OECD 加盟 30 カ国およびロシアにおける外国人参政権

国　名	国政選挙		地方選挙	
	選挙権	被選挙権	選挙権	被選挙権
オーストラリア	△	×	△▲	△
オーストリア	×	×	△	△
ベルギー	×	×	○	△
カナダ	×	×	△	×
チェコ	×	×	△	不明
デンマーク	×	×	○	○
フィンランド	×	×	○	○
フランス	×	×	△	△
ドイツ	×	×	△	△
ギリシャ	×	×	△	△
ハンガリー	×	×	○	×
アイスランド	×	×	○	○
アイルランド	△	×	○	○
イタリア	×	×	△	△
日　本	×	×	×	×
ルクセンブルク	×	×	○	×
メキシコ	不明	不明	不明	不明
オランダ	×	×	○	○
ニュージーランド	○	×	○	×
ノルウェー	×	×	○	○
ポーランド	不明	不明	不明	不明
ポルトガル	△	×	△	△
韓　国	×	×	○	×
ロシア	×	×	○	○
スロバキア	×	×	○	○
スペイン	×	×	△	△
スウェーデン	×	×	○	○
スイス	×	×	▲	▲
トルコ	不明	不明	不明	不明
イギリス	△	△	△	△
アメリカ	×	×	▲	▲

○：居住または永住権取得を条件として参政権を付与
△：居住または永住権取得以外の要件を条件として付与
▲：一部地域で付与
×：付与していない

太字の国は G 8.
出典：国立国会図書館調べより作成.

六年および二〇一〇年の統一地方選挙では永住日本人も一票を投じた。なお、韓国の在外投票のほうは、二〇一二年の大統領・国会議員選挙からで、ようやく在日韓国人も一票を投ずることができた。したがって、在韓日本人は、国政選挙は駐韓日本大使館などで、地方選挙は韓国の居住地で、それぞれ投票している。

一方、在日韓国人は、国政選挙では駐日韓国大使館などで投票できるが、日本の地方選挙で投票することはできない、のである。日本の地方選挙だけが残ってしまう。

日本の国会に「永住外国人地方選挙権付与法案」が初めて提出されたのは一九九八年一〇月で、韓国より二年も早い。しかし、以降、公明党が中心になって提出、廃案をくり返し、二〇〇九年七月の解散による廃案で、ついに姿を消してしまった。

二〇一二年末に登場した安倍内閣は、自民・公明の連立政権であり、与党となった公明党が地方参政権の開放について、どういう役割を果たすかは不明ではあるが、期待したいところである。

私が共同代表の一人である「定住外国人の地方参政権を実現させる日・韓・在日ネットワーク」では、二〇〇五年六月の日韓首脳会談を前に、日本の小泉純一郎首相と韓国の盧武鉉《ノムヒョン》大統領の双方に、地方参政権の開放を求める要請書を送った。日本政府は応答なしだったが、会談後、韓国政府からは、「民願に対する回答」として「一九歳以上の外国人に地方自治団体の議会議員および長の選挙権を付与する法改正案が、六月三〇日国会を通過したことをお知らせします」と返書があった。

同じ年の秋、東京でお会いした与党のウリ党(現在は民主統合党)党首の発言が忘れられない。「韓国は日本よりナショナリズムが強い国なるが故に、思い切って地方参政権開放に踏み切ったのだ」と。

また、ソウルで参政権シンポジウムをもった二〇〇四年秋、韓国の民主労働党(現在は統合進歩党など)の若い議員を訪ねたときのことも思い出される。

「この国は従来、華僑を差別、冷遇してきた歴史をもっている。こうした歴史を克服し、民主主義を前進させるためにも外国人の地方参政権はぜひ実現させたい」と。

日本の少子高齢化の進展は着実に進み、人口減少時代を迎えている。外国人の存在なしには社会が成り立たなくなりつつある。今までの自国民中心主義の社会、外国人を疎外する社会から、外国人、民族的マイノリティとの共存、共生を育む社会に舵《かじ》をきらねばならないのである。日本が地方参政権を開放すれば、玄界灘をはさんだ東アジアの一角に〝EUの卵〟が生まれることになる。

参政権に反対する人びとは、「国家の基本にかかわることなので譲るわけにいかない」というが、私は逆の意味で地方参政権の開放を国家の基本にすえることが求められているのだと思う。

外国人学校の処遇をめぐって　外国人学校の処遇を改善するために、「朝鮮学校からブラジル学校まで」を、いつも頭に置いてきた。しかしⅦ章でも見たように、無償化から除かれた朝鮮高校は一〇校すべてであり、かたや、その適用を受けたブラジル高校は三二校中一一校だった。

あまり知られていないが、日本の大学入学資格を有するとして文科省によって指定されたブラジル高校三二校のうち、二一校は各種学校の認可が得られていないため、高校無償化の対象外となっている。したがって、各種学校である朝鮮高校は〝別の理由〟で除かれ、二一校のブラジル高校は各種学校でないため除かれている。

高校無償化法は、「経済的負担の軽減を図り、もって教育の機会均等に寄与することを目的」（第一条）としており、これらの学校に学ぶ生徒たちが「学ぶ権利」を侵害されている現実を深刻に受けとめるべきである。

Ⅶ章で触れたように、二〇〇七年に東京で開かれた「多民族共生教育フォーラム」に初めて与・野党の国会議員が参加した。リーマン・ショックで苦境に立たされたブラジル学校への資金支援に、政府が難色を示している問題を契機に、自民・公明両党の議員のなかに「外国人学校および外国人子弟の教育を支援する議員の会」（会長　河村建夫元文相）が発足し、外国人学校関係者が招かれて意見を求められ、私も何度か足を運んだ。

二〇〇九年三月には、「外国人学校支援法案（仮称）」の素案がまとめられた。法案は、⑴各種学校に認可されていない外国人学校でも、国の「各種学校規程」（旧文部省令）を満たせば自治体は資金支援してよい、⑵自治体に外国人学校の支援金乱用防止権限を与える、⑶国は、外国人学校を資金支援した自治体に補助金を出せる、が骨子だった（『東京新聞』二〇〇九年三月二六日）。

法案提出に至る前に、二〇〇九年九月、自・公政権は下野したが、その後、二〇一〇年六月、公明党が単独で参議院に「義務教育段階の外国人学校に対する支援に関する法律案」を提出した。この法案には、「外国人学校が外国人の児童に対する教育に関し重要な役割を果たしていることにかんがみ、義務教育段階の外国人学校に対する支援に関し必要な事項を定めることにより、外国人の児童の教育の機会の確保及び教育環境の整備を図り、もって外国人の児童の健全な成長に資するとともに、日本人と外国人とが互いの文化に対する理解を深め、安心して暮らすことのできる地域社会の実現に寄与することを目的とする」（第一条）とある。

長い引用になったのは、外国人学校の存在意義について、立法府にこうした認識が生まれたことを紹介したかったからだ。残念ながらこの法案は審議未了で廃案となったが、その後二〇一二年末、再び自・公政権の時代を迎えた。この法案が、日の目を見ることを期待したい。

しかしながら安倍内閣の誕生によって、二〇一三年二月、朝鮮高校は最終的に高校無償化から除外されてしまった。高校無償化法による就学支援金を手にすることなく、卒業する学生は三年次に及んだ。

無償化から除外の断が下った直後の二月二五日、私は、東京の朝鮮高校の校長、男女二名の高校生、オモニ(母親)会会長とともに、東京・有楽町の日本外国特派員協会での記者会見に臨んだ。

一方で「反コリアン」デモ

当日、私が用意した資料のひとつは、少し前の二月九日(旧正月)、東京・新大久保のコリアンタウンでおこなわれた反コリアンの排撃デモの写真とそのプラカードに英訳を加えたものである。いわく、「ハヤク　クビツレ　チョウセンジン」「朝鮮人　首吊レ　毒飲メ　飛ビ降リロ」「良い韓国人も　悪い韓国人も　どちらも殺せ」と。私は、中央政府や地方政府による朝鮮学校差別は、こうした動きを助長することになっていないかとコメントした。

ある記者の「警察はこうした動きにどう対処したのか」との質問に、「日本には人種差別禁止法がないので何もしません。強いていえば、このデモを許可しただけです」と私は答えるしかなかった。『ジャパン・タイムズ』紙が社説、「Treat all students equally(すべての学生を平等に)」を掲げたのは三月一日だった。

朝鮮学校差別(高校無償化から除外、自治体の補助金カット)には、韓国の市民団体から強い憂慮の声が寄せられており、ブラジル学校の窮状にはブラジル政府および日系人社会からの視線が注がれている。さらに、国連の各種人権機関もいくつもの「総括所見」で、日本における外国人の子どもおよび外国人学校の現状に懸念を示し、勧告をおこなってきた。

さきに紹介した外国人学校を支援する法案が、その目的において示していた立法府の認識に立ちかえって、外国人学校の制度的保障に、与野党が党派を超えて踏み出してほしいと、私は願わざるをえない。

入管法の大改正

二〇〇九年七月、入管法、入管特例法、外国人登録法(外登法)、住民基本台帳法(住基法)の四法が変わり、その最終施行日が二〇一二年七月九日だった。

日本の外国人管理法制は入管法と外登法の二本立てが基本だったが、今回、外登法は廃止され、それまでは外国人を適用除外とした住基法が外国人にも適用されることとなった。大きな変化である。今回の大改正にあたり、それまでの入管法、外登法の改正を振り返りながら、それを位置づけてみたい。

一九六五年六月、「日韓基本条約」が調印されて日韓国交正常化が実現すると、「韓国民」であることを前提に「協定永住」制度が生まれ、在日朝鮮人のなかに〝南北分断〟が持ち込まれた。一九六九年に登場した「出入国管理法案」は、ベトナム戦争のさなか、外国人の政治活動を規制することなどが狙いだった。その後も、七一年、七二年、七三年と四次にわたって国会に上程されたが成立しなかった。七三年法案では、「管理」ということばが不評だと、「出入国法案」と法律名を改称したが、功を奏さなかった。

こうした背景があってか、入管局は、一九七五年一〇月、入管行政発足二五周年にあたり、入管局の全職員を対象に「今後の出入国管理行政のあり方について」の論文募集をおこなった。その優秀作に選ばれたのが坂中英徳氏で、後に「坂中論文」と呼ばれた（坂中英徳『今後の出入国管理行政のあり方について』日本加除出版、一九八九年として出版）。こうした論文募集は、後にも先にもなく、当局の危機感の一端がうかがえる。

ベトナム戦争終結にともなって難民が流出したのは、一九七五年のこと。同じ年、主要先進国首脳会議（サミット）が発足し、日本はアジアで唯一のサミット参加国となった。

ベトナム難民の受け入れを機に、日本は人権に関する諸条約の批准を余儀なくされ、一九八一年には難民条約を批准し、それにともなって入管令は「出入国管理及び難民認定法」に改められた。

このとき、やや意外だが、在日朝鮮人の法的地位の改善がはかられ、「協定永住」を取得しなかったものに、申請によって自動的に永住許可を与える「特例永住」制度が導入された。さらに、一九八七年九月の外登法改正では、外国人登録の切替え日を「誕生日」に改め、切替え日の失念を避ける〝工夫〟もなされた。

それまでは、最初の登録をおこなった日から五年ごとに切替えをおこなっていたが、なかにはそれを忘れて法違反に問われるケースもあった。

一九九一年の「日韓覚書」によって、前に見たように「特別永住」制度が導入され、在日朝鮮人の法的地位における「南北分断」も解消された。さらに同じ歴史的な背景をもつ台湾出身者も特別永住として一括された。「日韓覚書」は日韓間で交わされたが、それを機に、より広範な人びとをそこに含める〝智恵〟を働かせたのである。

また、この「日韓覚書」に盛り込まれた「指紋押捺制度廃止」については、一九九二年六月の外登法改正でも「特別永住」だけでなく「一般永住」についても合わせて廃止した。永住者以外の在留外国人は、入管当局が定期的に在留状況をチェックし、その在留更新の可否を決する立場にあるのに対し、永住者はこうした立場にないので、永住者を一括して扱ったことには合理性があったのである。

しかしながら、二〇〇一年の「九・一一」以降、反テロ対策として、二〇〇六年五月の入管法改正により指紋押捺が復活した。その際は永住者を一括して免除するのでなく、特別永住者のみを免除した。二〇〇九年の大改正時にも、たとえば、身分証明書（「在留カード」または「特別永住者証明書」）の常時携帯義務について、免除は特別永住者のみで、一般永住者は引き続き携帯義務が課された。以前は見られた入管当局の〝工夫〟や〝智恵〟を考えると、どこか政策力の劣化のようなものを感じてしまう。

また、今回の大改正により、二〇一二年七月以降、「みなし再入国許可」制度が導入され、一年以内に日本に戻るときは、再入国許可を受ける必要がなくなった。しかし、この変更について充分な広報がなされなかったため、外国人がそれまでの在留資格を失うという不利益をこうむる例が生まれている。

すなわち、再入国許可は不要となったが、出国時にEDカードの「みなし再入国許可による出国を希望します」欄にチェック印を記入すべきことをきちっと広報していなかったのである。空港にその旨の掲示ひとつ出されていない。せっかくの制度が、〝玉にキズ〟というほかない。

なお、同じ二〇一二年七月以降、再入国許可の有効期間の上限が、特別永住者については「六年」、一般外国人については「五年」となった。また「特別永住者証明書」については、常時携帯義務が免除された。

つづく〝格差〟

六〇年の歴史をもつ外登法が廃止され、日本人と同じ住基法が適用されることになったことなどは述べた。従来、居住地(改正入管法では住居地)変更について、「一四日以内の届出義務」は外登法も住基法も同一であったが、その罰則は、外国人は「二〇万円以下の罰金」であるのに対し、日本人は「五万円以下の過料」となっていた。金額の四倍差もさることながら、「罰金」は過料と違って〝前科〟にカウントされるので、その〝格差〟には天と地の開きがある。

しかし、今回の改正では、廃止された外登法の規定をわざわざ入管法および入管特例法に移すことによって先に述べた重罰規定がそのまま存続された。しかも、その届出が九〇日以内になされない場合は、さらに「在留資格の取消」の対象にも加えられたのである。したがって、「五万円以下の過料」「二〇万円以下の罰金」「在留資格の取消」という〝三重の制裁〟が待ち受けることになった。

また、住基法が定める「住基カード」は有効期限が「一〇年」であるが、入管法なり入管特例法が定める「在留カード」や「特別永住者証明書」は、その有効期限は最長でも「七年」であり、ここにも〝格差〟が生まれた。

居住地の変更では、少なくとも「罰金二〇万円」は削除すべきだし、証明書の有効期限は最長「一〇年」に統一すべきである。法務大臣が二〇一〇年三月に公表した「第四次出入国管理基本計画」には、「外国人との共生社会の実現に向けた取組」を掲げているが、絵空事に聞こえる。住基法は総務省、入管法、入管特例法は法務省と、所管が異なるとはいえ、やはり政策力の拙劣さを感じてしまう。

次の点も気がかりなことである。今後は、外国人も住基法の適用を受けるが、外国人住民票の記載事項を見ると、注意深く「選挙人名簿」が除かれている。外国人の地方参政権付与の是非が政治問題になっているとはいえ、選挙人名簿の除外は「あつものに懲りてなますを吹く」

の誹《そし》りをまぬがれない。

なぜなら、公職選挙法は外国人を除外しているが、自治体の住民投票条例（常設型）では、外国人住民に投票資格を認めているところがある。従来は、外国人登録から該当者を抜き出して「名簿」を作っていた。せっかく外国人が住基法の対象になったのに、これでは〝元の木阿弥《もくあみ》〟というほかない。

韓国の対応

今回の法改正で新しく「技能実習」が在留資格として登場したが、さまざまな問題があることは、Ⅷ章で述べたところである。旅券などが取りあげられる事例があることに触れた。

それと比べて、韓国の入管法には、「外国人の旅券又は外国人登録証を就職に伴う契約又は債務履行の確保手段として提供を受け、又はその提供を強要する行為」を禁止し（三三条の二）、その違反者には「三年以下の懲役又は二〇〇〇万ウォン以下の罰金」が定められている。その条項が「三三条の二」とあるのは、制定後、途中で必要となり追加されたことを示している。日本では、法改正のとき、どうしてこうした条項が盛り込まれなかったのか疑問に思う。

韓国では、外国人雇用許可法を定め、外国人に地方参政権を開放し、国家人権委員会も設置したことは前に述べた。さらに、二〇〇七年五月制定の「在韓外国人処遇基本法」は、その目的に「国民と在韓外国人が相互を理解し尊重する社会環境を作り、大韓民国の発展と社会統合に寄与する」とあり、国務総理を長とする外国人政策委員会の設置も定めている。また、結婚移民などの増加にともない、二〇〇八年三月には「多文化家族支援法」が制定され、多文化家族支援センターなどの設置を定めている。

日本が批准した自由権規約には、国連への個人通報を認める「第一選択議定書」がある。韓国は、一九九〇年、それを批准し、人権救済について個人が国連に通報する道を開いている。この議定書を批准した国は、二〇一三年四月現在、一一四カ国に達している。しかし日本は、国連の人権機関からたびたびこの議定書の批准を勧告されているが、いまだにしていない。

こうした韓国の政策展開の背景には、次のような認識があるようだ。

「日本の植民地支配に抵抗する過程で形成されてしまった単一民族論と純血主義は克服されるべきである。〔中略〕文化的優越主義や文化的同質性をもって民族のアイデンティティを形成することは間違いであるに止まらず、現実にも合わないことをまず認めるべきである。新しく再編される韓国社会または韓国人が民族と文化の多様性を通して新しい歴史を創って行くべきであるからだ」と（韓健洙《ハンゴンス》「歴史的背景から見た韓国の多文化社会」『ＫＯＲＥＡＮＡ』一五巻二号、韓国国際交流財団、二〇〇八年、本章の扉写真）。

憲法のなかの外国人

植民地支配のもう一方の当事者である日本でも、外国人との共存、共生社会をどう築くかは喫緊《きっきん》の課題である。しかし、外国人を管理・規制する制度のみが日につき、外国人の権利を保障し、外国人との共存・共生をはかるシステムを作るための試みは何一つ見あたらない。

韓国の現行憲法(一九八七年)を見ると、「外国人は、国際法と条約の定めるところにより、その地位が保障される」(第六条)とある。かつて、ソウルの国家人権委員会を訪ねたとき、私は、この条項が外国人の処遇改善に役立つかと問うたところ、一定の意味を持つことはもちろんだ、との答えだった。

日本の憲法には「外国人」という単語は見あたらない。憲法といえば、二〇一二年末の安倍内閣の誕生により、にわかに憲法改正が現実味を帯びてきた感がある。

しかし、私の関心は、あまり話題にならないが、中曽根康弘元首相が主宰する世界平和研究所が、二〇〇五年一月に発表した「憲法改正試案」に注がれている。その試案の概要は、「他者の権利尊重や外国人の人権保障を明記」し、現行憲法が多用する「国民」を、いずれも「何人も」とか「すべて人は」に改めている。たとえば、現行憲法第一一条の「国民は、すべての基本的人権の享有を妨げられない。……」を、「何人も、生来の権利として、すべての基本的人権を享有する。……2、前項の権利は、権利の性質上制約されるものを除き、外国人に対してもひとしく保障される」(第一三条、傍点は現行と異なる部分)と改めている。試案には「外国人」という単語が登場するのも興味深い。改憲論議のなかに、この試案の視点を加えてほしいと願うばかりだ。

なお、中曽根元首相は、外国人の地方参政権に賛成し、「大局から見て日本の前途を開拓する立場で進まなければ政治家の器量が問われる」と発言している（『朝日新聞』二〇一〇年一月二七日）。

私たちは、いまや経済の不均等発展、所得格差の拡大などの地球規模の問題――そこには日本の影が大きく落ちる――と、直面せざるをえないのである。

日本の国内に〝ともに生きる〟社会を築くとともに、地球規模で〝ともに生きる〟視野を持たねばならないことが見えてきたという点で、従来とはもうひとまわり大きな回路が、そこには開けつつあるのではと思う。

オールド・カマーに加えてニュー・カマーを迎えつつある日本は、その歴史認識をただすとともに、外国人の権利の不可侵性を自覚し、〝ともに生きる〟社会をめざすために、大胆な発想の転換をはからねばならない時代を迎えているのではないだろうか。そして、それを実現する芽はいくつも育ちつつある。

田中 宏

1937年東京都に生まれる．岡山県出身．1960年東京外国語大学中国学科卒業．1963年一橋大学大学院経済学研究科修士課程修了．アジア学生文化協会勤務，愛知県立大学教授，一橋大学教授，龍谷大学特任教授を経て一橋大学名誉教授．
専攻—日本アジア関係史，日本社会論
著書—『虚妄の国際国家・日本』(風媒社)
『グローバル時代の日本社会と国籍』(共著，明石書店)
『戦後60年を考える』(創史社)
『未解決の戦後補償』(共著，創史社)
『戦後責任』(共著，岩波書店)
『「共生」を求めて』(共著，解放出版社) ほか
訳書—黄春明『さよなら・再見』(共訳，めこん)
許雲樵・蔡史君編『日本軍占領下のシンガポール』(共訳，青木書店)
卓南生『国際化日本の壁』(共訳，東洋経済新報社) ほか

在日外国人 第三版
—法の壁，心の溝
岩波新書(新赤版)1429

2013年5月21日 第1刷発行
2024年4月26日 第6刷発行

著 者 田中《たなか》 宏《ひろし》

発行者 坂本政謙

発行所 株式会社 岩波書店
〒101-8002 東京都千代田区一ツ橋2-5-5
案内 03-5210-4000 営業部 03-5210-4111
https://www.iwanami.co.jp/

新書編集部 03-5210-4054
https://www.iwanami.co.jp/sin/

印刷製本・法令印刷 カバー・半七印刷

ISBN 978-4-00-431429-5 Printed in Japan

岩波新書新赤版一〇〇〇点に際して

ひとつの時代が終わったと言われて久しい。だが、その先にいかなる時代を展望するのか、私たちはその輪郭すら描きえていない。二〇世紀から持ち越した課題の多くは、未だ解決の緒を見つけることのできないままであり、二一世紀が新たに招きよせた問題も少なくない。グローバル資本主義の浸透、憎悪の連鎖、暴力の応酬――世界は混沌として深い不安の只中にある。

現代社会においては変化が常態となり、速さと新しさに絶対的な価値が与えられた。消費社会の深化と情報技術の革命は、種々の境界を無くし、人々の生活やコミュニケーションの様式を根底から変容させてきた。ライフスタイルは多様化し、一面では個人の生き方をそれぞれが選びとる時代が始まっている。同時に、新たな格差が生まれ、様々な次元での亀裂や分断が深まっている。社会や歴史に対する意識が揺らぎ、普遍的な理念に対する根本的な懐疑や、現実を変えることへの無力感がひそかに根を張りつつある。そして生きることに誰もが困難を覚える時代が到来している。

しかし、日常生活のそれぞれの場で、自由と民主主義を獲得し実践することを通じて、私たち自身がそうした閉塞を乗り超え、希望の時代の幕開けを告げてゆくことは不可能ではあるまい。そのために、いま求められていること――それは、個と個の間で開かれた対話を積み重ねながら、人間らしく生きることの条件について一人ひとりが粘り強く思考することではないか。その営みの糧となるものが、教養に外ならないと私たちは考える。歴史とは何か、よく生きるとはいかなることか、世界そして人間はどこへ向かうべきなのか――こうした根源的な問いとの格闘が、文化と知の厚みを作り出し、個人と社会を支える基盤としての教養となった。まさにそのような教養への道案内こそ、岩波新書が創刊以来、追求してきたことである。

岩波新書は、日中戦争下の一九三八年一一月に赤版として創刊された。創刊の辞は、道義の精神に則らない日本の行動を憂慮し、批判的精神と良心的行動の欠如を戒めつつ、現代人の現代的教養を刊行の目的とする、と謳っている。以後、青版、黄版、新赤版と装いを改めながら、合計二五〇〇点余りを世に問うてきた。そして、いままた新赤版が一〇〇〇点を迎えたのを機に、人間の理性と良心への信頼を再確認し、それに裏打ちされた文化を培っていく決意を込めて、新しい装丁のもとに再出発したいと思う。一冊一冊から吹き出す新風が一人でも多くの読者の許に届くこと、そして希望ある時代への想像力を豊かにかき立てることを切に願う。

（二〇〇六年四月）